全国一级建造师执业资格考试考霸笔记

建设工程项目管理

考霸笔记

全彩版

全国一级建造师执业资格考试考霸笔记编写委员会 编写

中国建筑工业出版社
中国城市出版社

全国一级建造师执业资格考试考霸笔记

编写委员会

蔡 鹏　炊玉波　高海静　葛新丽　黄 凯　李瑞豪

梁 燕　林丽菡　刘 辉　刘 敏　刘鹏浩　刘 洋

马晓燕　千成龙　孙殿桂　孙艳波　王竹梅　武佳伟

杨晓锋　杨晓雯　张 帆　张旭辉　周 华　周艳君

前　言

从每年一级建造师考试数据分析来看，一级建造师考试考查的知识点和题型呈现综合性、灵活性的特点，考试难度明显加大，然而枯燥的文字难免让考生望而却步。为了能够帮助广大考生更容易理解考试用书中的内容，我们编写了这套"全国一级建造师执业资格考试考霸笔记"系列丛书。

这套丛书由建造师执业资格考试培训老师根据"考试大纲"和"考试教材"对执业人员知识能力要求，以及对历年考试命题规律的总结，通过图表结合的方式精心组织编写。本套丛书是对考试用书核心知识点的浓缩，旨在帮助考生梳理和归纳核心知识点。

本系列丛书共 7 分册，分别是《建设工程经济考霸笔记》《建设工程项目管理考霸笔记》《建设工程法规及相关知识考霸笔记》《建筑工程管理与实务考霸笔记》《机电工程管理与实务考霸笔记》《市政公用工程管理与实务考霸笔记》《公路工程管理与实务考霸笔记》。

本系列丛书包括以下几个显著特色：

考点聚焦　本套丛书运用思维导图、流程图和表格将知识点最大限度地图表化，梳理重要考点，凝聚考试命题的题源和考点，力求切中考试中 90% 以上的知识点；通过大量的实操图对考点进行形象化的阐述，并准确记忆、掌握重要知识点。

重点突出　编写委员会通过研究分析近年考试真题，根据考核频次和分值划分知识点，通过星号标示重要性，考生可以据此分配时间和精力，以达到用较少的时间取得较好的考试成绩的目的。同时，还通过颜色标记提示考生要特别注意的内容，帮助考生抓住重点，突破难点，科学、高效地学习。

贴心提示　本套丛书将不好理解的知识点归纳总结记忆方法、命题形式，提供复习指导建议，帮助考生理解、记忆，让备考省时省力。

[书中红色字体标记表示重点、易考点、高频考点；蓝色字体标记表示次重点]。

此外，为行文简洁明了，在本套丛书中用"[14、21 年单选，15 年多选，20 年案例]"表示"2014、2021 年考核过单项选择题，2015 年考核过多项选择题，2020 年考核过实务操作和案例分析题。"

为了使本书尽早与考生见面，满足广大考生的迫切需求，参与本书策划、编写和出版的各方人员都付出了辛勤的劳动，在此表示感谢。

本书在编写过程中，虽然几经斟酌和校阅，但由于时间仓促，书中不免会出现不当之处和纰漏，恳请广大读者提出宝贵意见，并对我们的疏漏之处进行批评和指正。

目 录

1Z201000　建设工程项目的组织与管理

1Z201010	建设工程管理的内涵和任务	001
1Z201020	建设工程项目管理的目标和任务	002
1Z201030	建设工程项目的组织	005
1Z201040	建设工程项目策划	009
1Z201050	建设工程项目采购的模式	010
1Z201060	建设工程项目管理规划的内容和编制方法	014
1Z201070	施工组织设计的内容和编制方法	015
1Z201080	建设工程项目目标的动态控制	018
1Z201090	施工企业项目经理的工作性质、任务和责任	020
1Z201100	建设工程项目的风险和风险管理的工作流程	026
1Z201110	建设工程监理的工作性质、工作任务和工作方法	027

1Z202000　建设工程项目成本管理

1Z202010	成本管理的任务、程序和措施	031
1Z202020	成本计划	033
1Z202030	成本控制	038
1Z202040	成本核算	044
1Z202050	成本分析和成本考核	045

1Z203000　建设工程项目进度控制

1Z203010	建设工程项目进度控制与进度计划系统	049
1Z203020	建设工程项目总进度目标的论证	051
1Z203030	建设工程项目进度计划的编制和调整方法	053
1Z203040	建设工程项目进度控制的措施	065

1Z204000　建设工程项目质量控制

- 1Z204010　建设工程项目质量控制的内涵　067
- 1Z204020　建设工程项目质量控制体系　073
- 1Z204030　建设工程项目施工质量控制　077
- 1Z204040　建设工程项目施工质量验收　084
- 1Z204050　施工质量不合格的处理　087
- 1Z204060　数理统计方法在工程质量管理中的应用　092
- 1Z204070　建设工程项目质量的政府监督　094

1Z205000　建设工程职业健康安全与环境管理

- 1Z205010　职业健康安全管理体系与环境管理体系　097
- 1Z205020　建设工程安全生产管理　100
- 1Z205030　建设工程生产安全事故应急预案和事故处理　107
- 1Z205040　建设工程施工现场职业健康安全与环境管理的要求　111

1Z206000　建设工程合同与合同管理

- 1Z206010　建设工程施工招标与投标　115
- 1Z206020　建设工程合同的内容　119
- 1Z206030　合同计价方式　128
- 1Z206040　建设工程施工合同风险管理、工程保险和工程担保　131
- 1Z206050　建设工程施工合同实施　135
- 1Z206060　建设工程索赔　140
- 1Z206070　国际建设工程施工承包合同　144

1Z207000　建设工程项目信息管理

- 1Z207010　建设工程项目信息管理的目的和任务　146
- 1Z207020　建设工程项目信息的分类、编码和处理方法　147
- 1Z207030　建设工程管理信息化及建设工程项目管理信息系统的功能　148

1Z201000 建设工程项目的组织与管理

1Z201010 建设工程管理的内涵和任务

【考点1】建设工程管理的内涵（☆☆☆）

1. 建设工程项目全寿命的管理 [22年单选]

	决策阶段 (前期开发管理)	实施阶段 (项目管理)			使用阶段 (设施管理)
		准备	设计	施工	
投资方	DM	PM			FM
开发方	DM	PM			
设计方			PM		
施工方				PM	
供货方				PM	
项目使用期的管理方					FM

图 1Z201010-1　建设工程项目全寿命的管理

2. IFMA 确定的设施管理的含义 [16、18 年单选]

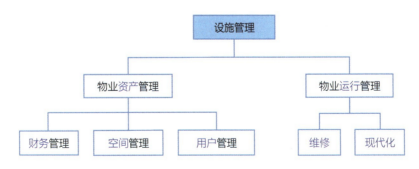

图 1Z201010-2　IFMA 确定的设施管理的含义

 区分设施管理中两个内容分类，重点掌握物业运行管理，考试时设置的错误选项一般都是物业资产管理的内容。

【考点2】建设工程管理的任务（☆☆☆☆）[14、15、17、19、20、21年单选]

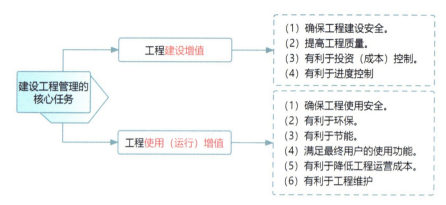

图 1Z201010-3　建设工程管理的任务

 区分建设增值和使用增值。本考点虽然内容不多，但考核频次很高，一般会这样命题："建设工程管理的核心任务是（　　）。"

1Z201020 建设工程项目管理的目标和任务

【考点1】建设工程项目管理的内涵和类型（☆☆☆☆☆）

1. 建设工程项目管理的内涵 [16年多选]

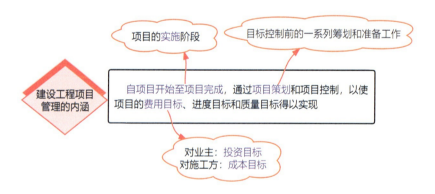

图 1Z201020-1　建设工程项目管理的内涵

 项目管理的核心任务是项目的目标控制，实施建设工程项目管理需要有明确的投资、进度和质量目标。

2. 建设工程项目管理的类型 [16年多选]

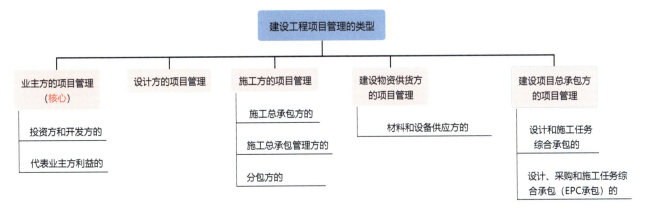

图 1Z201020-2　建设工程项目管理的类型

 首先应该清楚各参与单位的工作性质工作任务和利益不尽相同，因此就形成了代表不同利益方的项目管理，而业主方的项目管理是核心。

3. 建设工程项目的实施阶段的组成 [17年单选]

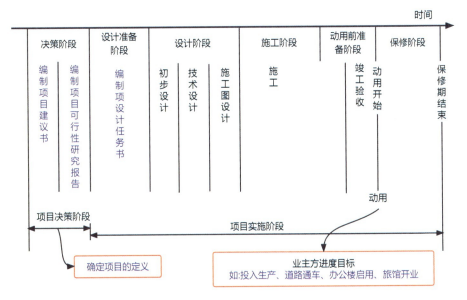

图 1Z201020-3　建设工程项目的实施阶段的组成

 该知识点在命题时主要的采分点来源于"决策阶段"和"设计准备阶段"，可以这样记忆：只带"编制"不带"设计"的属于决策阶段；既带"编制"又带"设计"的属于设计准备阶段；只带"设计"，不带"编制"的属于设计阶段。

该知识点主要考核的形式有：（1）判断某项工作属于×××阶段的工作。（2）某阶段包括的工作内容。

【考点2】建设工程项目管理的目标和任务（☆☆☆☆☆）
[13、14、15、16、18、19、20、21年单选]

建设工程项目管理的目标和任务　　　　　　表1Z201020-1

参与方	利益归属	阶段	目标				管理任务
			费用（投资）	进度	质量	安全	
业主方	业主的利益	实施阶段	项目的投资	项目动用、交付使用	满足技术规范和标准、业主方要求	—	3控3管1协调（安全管理最重要）
设计方	项目整体及本身利益	实施阶段，主要是设计阶段	项目的投资+设计的成本	设计进度	设计质量	—	与设计有关的3控3管1协调
供货方	项目整体及本身利益	实施阶段，主要是施工阶段	供货的成本	供货进度	供货质量	—	与供货有关的3控3管1协调
项目总承包方	项目整体及本身利益	实施阶段	项目的总投资+总承包方的成本	项目的进度	项目的质量	工程建设的安全管理	项目风险、进度、质量、费用、安全、职业健康与环境、资源、沟通与信息、合同管理
施工方	项目整体及本身的利益	实施阶段，主要是施工阶段	施工的成本	施工的进度	施工的质量	施工的安全管理	与施工有关的3控3管1协调

3控3管1协调：投资（成本）控制、进度控制、质量控制、安全管理、合同管理、信息管理、组织和协调。

本考点考试时涉及的采分点有三：一是"阶段"；二是"目标"；三是"任务"。
（1）只有业主方只考虑本身的利益，其他各方都是要服务于自身利益，还要服务项目整体利益。
（2）各个主体的项目管理都涉及实施阶段，侧重的阶段不同。

【考点3】《项目管理知识体系指南（PMBOK指南）》对有关概念的解释（☆☆☆）
[18、19年单选]

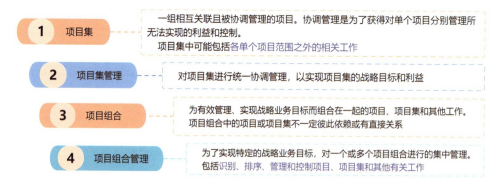

图1Z201020-4　《项目管理知识体系指南（PMBOK指南）》对有关概念的解释

上述几个概念是《项目管理知识体系指南（PMBOK指南）》第四版的规定，注意区分，考试时可能会对概念"张冠李戴"，判断说法正确与否。《项目管理知识体系指南（PMBOK指南）》第六版提出项目经理应具备项目管理技术、领导力、商业管理技能和战略管理技能四种技能。

1Z201030 建设工程项目的组织

【考点1】组织论的基本内容（☆☆☆☆）[15、19年单选，15、16、20年多选]

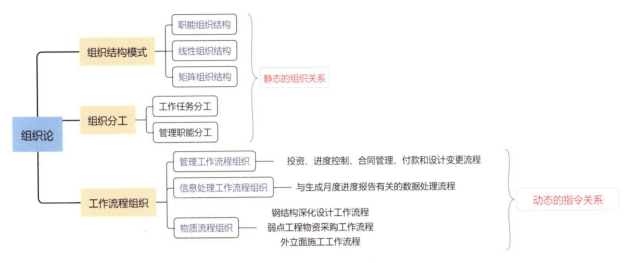

图 1Z201030-1　组织论的基本内容

【考点2】项目结构分解与编码（☆☆☆）[18年单选]

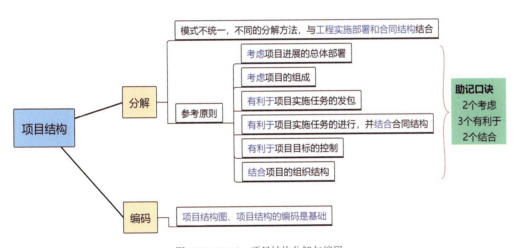

图 1Z201030-2　项目结构分解与编码

【考点3】组织工具——四图两表（☆☆☆☆☆）

1. 四图 [14、15、16、17、21、22年单选]

（1）项目结构图　　　　　　　　　　（2）组织结构图

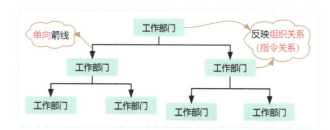

图1Z201030-3　项目结构图　　　　　图1Z201030-4　组织结构图

（3）合同结构图

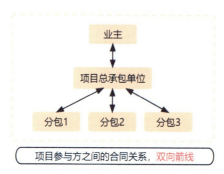

图1Z201030-5　合同结构图

（4）工作流程图

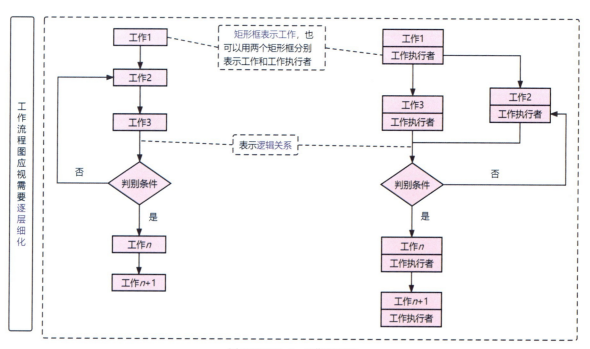

图1Z201030-6　工作流程图

直击考点 区分四个组织工具图表达的含义。考试题型有两种：

（1）题干中给出图示，判断属于哪种组织工具。考生只要记住组织工具的图示，一般都能作出正确选择。

（2）概念型题目，可以单独成题，也可以综合出题。要求考生明确组织工具所表达的含义，注意选项之间的差别，复习时一定要仔细理解不同概念之间的差别。

2. 工作流程组织的任务

- ◆ 设计准备工作的流程。
- ◆ 设计工作的流程。
- ◆ 施工招标工作的流程。
- ◆ 物资采购工作的流程。
- ◆ 施工作业的流程。
- ◆ 各项管理工作（投资控制、进度控制、质量控制、合同管理和信息管理等）的流程。
- ◆ 与工程管理有关的信息处理的流程。

业主方和项目各参与方都有各自的工作流程组织的任务。

3. 管理职能

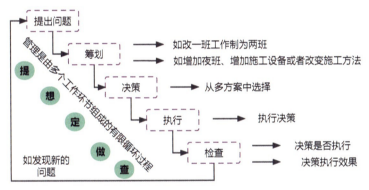

图 1Z201030-7　管理职能

4. 两表 [14、16、17、20 年单选，14、19、21 年多选]

直击考点 区分两表的含义及应用，掌握两者的相同点。

工作任务分工表与管理职能分工表　　　　　　表 1Z201030-1

两表	编制方法	特点	相同点
工作任务分工（分任务）	（1）首先对管理任务进行详细分解。 （2）明确项目经理和主管工作部门或主管人员的工作任务。 （3）编制工作任务分工表	（1）明确主办，协办和配合部门。 （2）一个任务至少一个主办部门。 （3）运营、物业开发部参与整个实施	（1）各方都应编制。 （2）组织设计文件的一部分。 （3）随着项目进展不断深化和细化
管理职能分工（定职能）	用表的形式反映项目管理班子内部项目经理、各工作部门（各工作岗位）对各项工作任务的项目管理职能分工	（1）我国习惯用岗位责任制的岗位责任描述书来表述每一个工作部门（工作岗位）的工作任务。 （2）管理职能分工表不足以明确每个工作部门（工作岗位）的管理职能，可以使用管理职能分工描述书	

007

【考点4】常用的组织结构模式（☆☆☆）

常用的组织结构模式　　　　　表1Z201030-2

项目		内容	图示
职能组织结构	指令源	多个	
	指令传达	直接和非直接	
	特点	（1）影响运行。 （2）传统的	
线性组织结构	指令源	唯一一个	
	指令传达	不能跨级	
	特点	（1）避免矛盾指令影响的运行。 （2）指令路径过长。 （3）常用模式	
矩阵组织结构	指令源	2个	
	指令传达	纵向和横向	
	特点	（1）较新型的。 （2）指令发生矛盾时，最高指挥者协调，可以采用以纵向工作部门指令为主或以横向工作部门指令为主的矩阵组织结构模式。 （3）纵向工作部门可以是计划管理、技术管理、合同管理、财务管理和人事管理部门等，而横向工作部门可以是项目部	

直击考点　掌握三种模式的指令源与特点。

口诀助记　线1矩2职能多，指令传达依图记。

1Z201040 建设工程项目策划

【考点1】工程项目策划的过程（☆☆☆）[14年单选]

图 1Z201040-1　工程项目策划的过程

【考点2】建设工程项目策划（☆☆☆☆☆）
[13、14、15、16、17、18、19、20、21、22年单选，13年多选]

建设工程项目策划　　　　　　　　　　　　　表 1Z201040-1

项目	决策阶段策划的工作内容	实施阶段策划的工作内容
环境和条件的调查与分析	自然环境、宏观经济环境、政策环境、市场环境、建设环境（能源、基础设施等）等	自然环境、建设政策环境、建筑市场环境、建设环境（能源、基础设施等）、建筑环境（民用建筑的风格和主色调等）等
项目定义和项目目标论证	（1）确定项目建设的目的、宗旨和指导思想。 （2）项目的规模、组成、功能和标准的定义。 （3）项目总投资规划和论证。 （4）建设周期规划和论证	—
项目目标的分析和再论证	—	（1）投资目标的分解和论证。 （2）编制项目投资总体规划。 （3）进度目标的分解和论证。 （4）编制项目建设总进度规划。 （5）项目功能分解。 （6）建筑面积分配。 （7）确定项目质量目标 **口诀助记**：三大目标，两个规划，一分解，一分配
组织策划	（1）决策期的组织结构。 （2）决策期任务分工。 （3）决策期管理职能分工。 （4）决策期工作流程。 （5）实施期组织总体方案。 （6）项目编码体系分析	（1）业主方项目管理的组织结构。 （2）任务分工和管理职能分工。 （3）项目管理工作流程。 （4）建立编码体系

续表

项目	决策阶段策划的工作内容	实施阶段策划的工作内容
管理策划	（1）项目实施期管理总体方案。 （2）生产运营期设施管理总体方案。 （3）生产运营期经营管理总体方案	（1）项目实施各阶段项目管理的工作内容。 （2）项目风险管理与工程保险方案
合同策划	（1）决策期的合同结构。 （2）决策期的合同内容和文本。 （3）实施期合同结构总体方案	（1）方案设计竞赛的组织。 （2）项目管理委托、设计、施工、物资采购的合同结构方案。 （3）合同文本
经济策划	（1）项目建设成本分析。 （2）项目效益分析。 （3）融资方案。 （4）编制资金需求量计划	（1）资金需求量计划。 （2）融资方案的深化分析
技术策划	（1）技术方案分析和论证。 （2）关键技术分析和论证。 （3）技术标准、规范的应用和制定	（1）技术方案的深化分析和论证。 （2）关键技术的深化分析和论证。 （3）技术标准和规范的应用和制定等
风险策划	—	项目实施的风险策划

 本考点考核频次非常高，要对比记忆。决策阶段内容关键词："决策期""总体方案"。在考试时，主要有两种题型：

第一种：判断备选项中的工作内容是属于决策阶段策划内容还是实施阶段策划内容。在2011年、2017年考核的是此类型题目，是这样命题的："下列建设工程项目策划工作中，属于实施阶段策划的是（　　）。"

第二种：题干中给出决策阶段或实施阶段策划类别，判断备选项中属于这个类别的工作内容。比如："下列工程项目策划工作中，属于项目决策阶段合同策划的是（　　）。"

1Z201050 建设工程项目采购的模式

【考点1】项目管理委托的模式（☆☆☆）

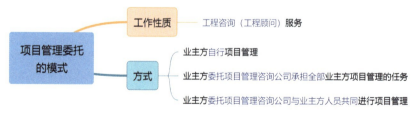

图 1Z201050-1　项目管理委托的模式

【考点2】设计任务委托的模式（☆☆☆）

◆在国际上，建筑师事务所起着主导作用。
◆我国业主方主要通过设计招标的方式选择设计方案和设计单位。
◆设计任务的委托主要有两种模式，即：
（1）业主方委托一个设计单位或由多个设计单位组成的设计联合体或设计合作体作为设计总负责单位，设计总负责单位视需要再委托其他设计单位配合设计；
（2）业主方不委托设计总负责单位，而平行委托多个设计单位进行设计。

【考点3】项目总承包的模式（☆☆☆☆）

1. 项目总承包的内涵 [13、14、21年单选]

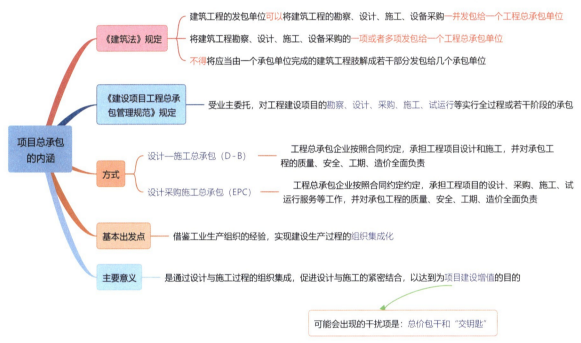

图 1Z201050-2 项目总承包的内涵

2. 项目总承包方的工作程序 [16、19年单选，20年多选]

直击考点 考核项目总承包模式的工作程序中具体内容。

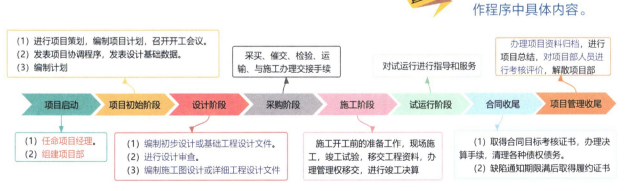

图 1Z201050-3 项目总承包方的工作程序

【考点4】施工任务委托的模式（☆☆☆☆☆）

1. 施工总承包模式、总承包管理模式的特点 [13、15、16、17年单选，13、18、21、22年多选]

施工总承包模式、总承包管理模式的特点　　　　表 1Z201050-1

项目	施工总承包	施工总承包管理
投资控制	（1）投标报价较有依据。 （2）有利于业主的总投资控制。 （3）可能引发索赔	（1）分包合同的投标报价和合同价以施工图为依据。 （2）只确定施工总承包管理费，可能成为业主控制总投资的风险。 （3）业主与分包商直接签约，增加业主方的风险
进度控制	建设周期会较长	有利于缩短建设周期
质量控制	质量好坏取决于总承包的管理水平和技术水平	（1）对分包人的质量控制由施工总承包管理单位进行。 （2）他人控制，有利于质量控制。 （3）各分包之间的关系可由施工总承包管理单位负责，减轻业主方管理的工作量
合同管理	（1）一次招标，招标及合同管理工作量减小。 （2）开口合同，对业主方合同管理和投资控制十分不利	（1）业主方的招标及合同管理工作量较大。 （2）对分包人的工程款支付可由施工总包管理单位支付或由业主直接支付，前者有利于施工总包管理单位对分包人的管理
组织协调	工作量小，对业主有利	减轻业主方的工作量（这种委托形式的基本出发点）

注意区分两种模式的概念，在此基础上理解相关知识点。
（1）施工总承包：施工+管理。
（2）施工总承包管理：一般只做管理，想施工可以通过投标取得。
施工总承包模式与施工总承包管理模式的特点属于重要考点，应重点掌握，经常会以判断正确与错误说法的形式考核。

2. 施工总承包模式和施工总承包管理模式的比较 [18、20、22年单选，14、15、17、19年多选]

施工总承包模式和施工总承包管理模式的比较　　　　表 1Z201050-2

比较		施工总承包	施工总承包管理
不同	开展工作程序	全部施工图设计完成后招投标，在进行施工	不依赖完整的施工图，工程可化整为零。每完成一部分工程的施工图就招标一部分。 可以在很大程度上缩短建设周期，有利于进度控制
	合同关系	与分包单位直接签合同	（1）业主与分包签订。 （2）总承包管理单位与分包签订
	对分包的选择和认可	业主认可，总包选择	所有分包业主决策，总包管理单位认可。如对某分包不满意，业主执意不换，总包管理单位可拒绝对该分包承担管理
	对分包的付款	总包直接支付	业主支付（经其认可），总包管理单位支付（便于管理）

比较		施工总承包	施工总承包管理
不同	合同价格	总造价，赚取总包与分包之间的差价	（1）合同总价不是一次确定，某一部分施工图设计完成以后，再进行该部分工程的施工招标，确定该部分工程的合同价，因此整个项目的合同总额的确定较有依据。 （2）所有分包都通过招标获得有竞争力的投标报价，对业主方节约投资有利。 （3）分包合同价对业主是透明的
相同		总承包单位的责任和义务，对分包的总体管理和服务	

  该知识点经常会考核的题型有：
（1）施工总承包管理模式与施工总承包模式相比，其优点有（　　）。
（2）施工总承包管理模式与施工总承包模式相比，在×××方面具有的优点有（　　）。

【考点5】物资采购的模式（☆☆☆）

1. 工程建设物资采购模式 [13年多选]

◆业主方自行采购。
◆与承包商约定某些物资为指定供货商。
◆承包商采购等。
根据《中华人民共和国建筑法》规定，按照合同约定，建筑材料、建筑构配件和设备由工程承包单位采购的，发包单位不得指定承包单位购入用于工程的建筑材料、建筑构配件和设备或者指定生产厂、供应商。

  三种采购模式在考试会设置的干扰选项有："业主规定价格、由承包商采购""承包商询价、由业主采购""行政指定采购""行业协会统一采购"。

2. 物资采购管理的程序 [14、17年单选，16年多选]

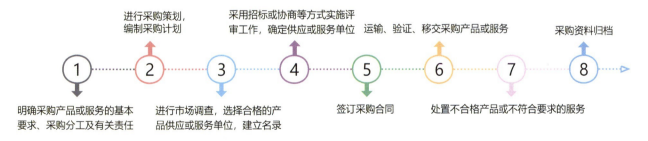

图 1Z201050-4　物资采购管理的程序

1Z201060 建设工程项目管理规划的内容和编制方法

【考点1】项目管理规划的内容（☆☆☆）

1. 建设工程项目管理规划涉及阶段、管理范畴及组成文件 [13、15、18、22年单选]

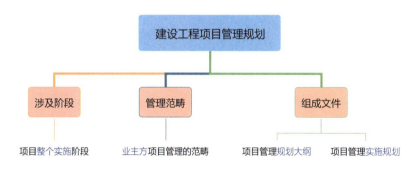

图 1Z201060-1　建设工程项目管理规划涉及阶段、管理范畴及组成文件

2. 项目管理规划大纲和项目管理实施规划的内容

项目管理规划大纲和项目管理实施规划的内容　　　　表 1Z201060-1

项目管理规划大纲的内容	项目管理实施规划的内容
（1）项目概况。 （2）项目范围管理。 （3）项目管理目标。 （4）项目管理组织。 （5）项目采购与投标管理。 （6）项目进度管理。 （7）项目质量管理。 （8）项目成本管理。 （9）项目安全生产管理。 （10）绿色建造与环境管理。 （11）项目资源管理。 （12）项目信息管理。 （13）项目沟通与相关方管理。 （14）项目风险管理。 （15）项目收尾管理	（1）项目概况。 （2）项目总体工作安排。 （3）组织方案。 （4）设计与技术措施。 （5）进度计划。 （6）质量计划。 （7）成本计划。 （8）安全生产计划。 （9）绿色建造与环境管理计划。 （10）资源需求与采购计划。 （11）信息管理计划。 （12）沟通管理计划。 （13）风险管理计划。 （14）项目收尾计划。 （15）项目现场平面布置图。 （16）项目目标控制计划。 （17）技术经济指标

 有"大纲"之后有"规划"，区分出粗细之后，细节的知识点就容易区别记忆了，管理规划大纲——各种管理。管理实施规划——工作安排、方案、措施及计划。

【考点2】项目管理规划的编制方法（☆☆☆）[19、21年单选]

项目管理规划的编制方法　　　　　表1Z201060-2

项目	项目管理规划大纲	项目管理实施规划
编制依据	（1）项目文件、相关法律法规和标准。 （2）类似项目经验资料。 （3）实施条件调查资料	（1）适用的法律、法规和标准。 （2）项目合同及相关要求。 （3）项目管理规划大纲。 （4）项目设计文件。 （5）工程情况与特点。 （6）项目资源和条件。 （7）有价值的历史数据。 （8）项目团队的能力和水平
编制程序	（1）明确项目需求和项目管理范围。 （2）确定项目管理目标。 （3）分析项目实施条件，进行项目工作结构分解。 （4）确定项目管理组织模式、组织结构和职责分工。 （5）规定项目管理措施。 （6）编制项目资源计划。 （7）报送审批	（1）了解相关方的要求。 （2）分析项目具体特点和环境条件。 （3）熟悉相关的法规和文件。 （4）实施编制活动。 （5）履行报批手续

编制依据如果考核的话，可能是多项选择题，编制程序在2019年、2021年都是排序题目。在编制程序中，"需求""要求"为第一步，"审批""报批"为最后一步。

1Z201070 施工组织设计的内容和编制方法

【考点1】施工组织设计的内容（☆☆☆☆）

1. 施工组织设计的基本内容 [13、15、17年单选，15年多选]

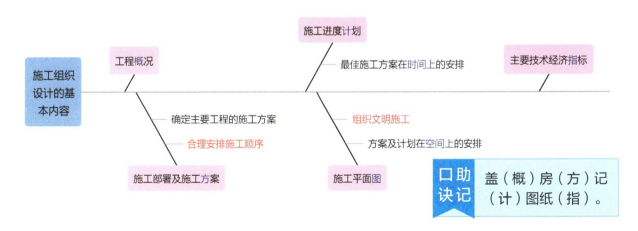

图1Z201070-1 施工组织设计的基本内容

015

2. 施工组织设计的分类及其内容 [14、16、19、21年多选]

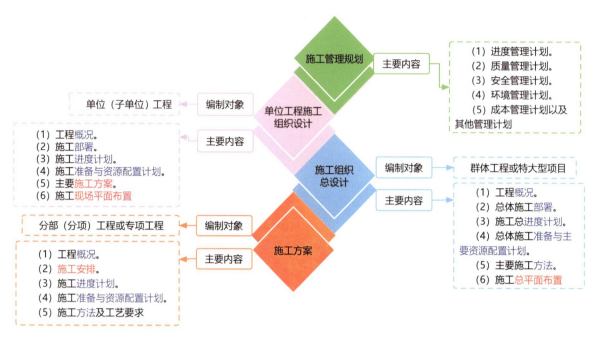

图 1Z201070-2　施工组织设计的分类及其内容

 区分三类施工组织设计不一样的内容，主要考核多项选择题，命题形式是："×××组织设计/施工方案/施工管理规划的内容包括（　　）。"

【考点2】施工组织设计的编制方法（☆☆☆☆☆）

1. 施工组织设计的编制和审批 [14、16、18、20、21、22年单选]

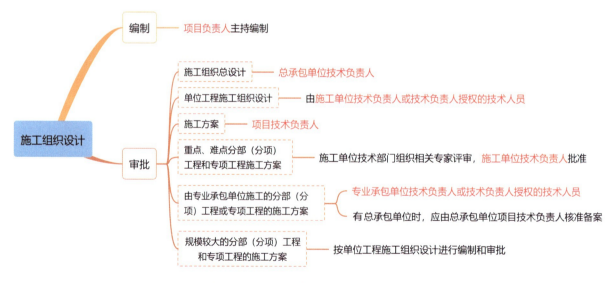

图 1Z201070-3　施工组织设计的编制和审批

区分各施工组织设计及施工方案的审批人员。从大到小的审批是：总承包单位技术负责人→施工单位技术负责人（或委托）→项目技术负责人。特殊情况的施工方案（规模大），需要施工单位技术负责人审批。

2．危险性较大的分部（分项）工程施工方案的编制 [19年单选]

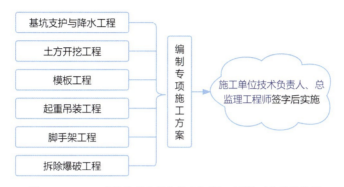

图 1Z201070-4　危险性较大的分部（分项）工程施工方案的编制

 对于上述工程中涉及深基坑、地下暗挖工程、高大模板工程的专项施工方案，施工单位还应当组织专家进行论证、审查。

3．施工组织设计的动态管理 [17、18、22年多选]

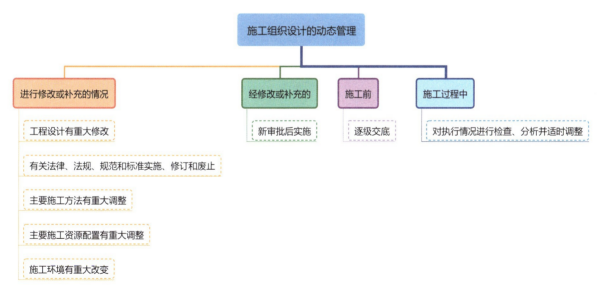

图 1Z201070-5　施工组织设计的动态管理

017

1Z201080 建设工程项目目标的动态控制

【考点1】项目目标动态控制的方法及其应用（☆☆☆☆☆）

1. 项目目标动态控制的工作程序 [13、14、16、19年单选]

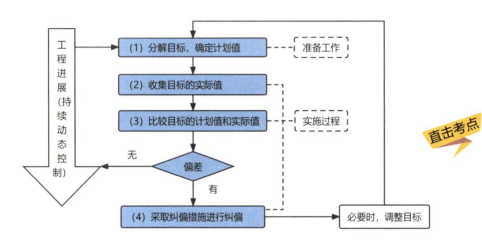

直击考点：注意两个首要工作：目标分解到确定计划值是动态控制的第一步；实施过程的第一步是收集实际值。

图 1Z201080-1　项目目标动态控制的工作程序

2. 项目目标动态控制的纠偏措施 [13、15、21、22年单选，14年多选]

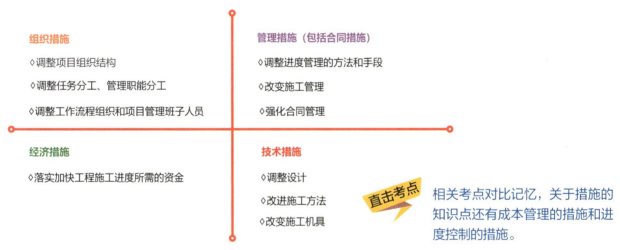

直击考点：相关考点对比记忆，关于措施的知识点还有成本管理的措施和进度控制的措施。

图 1Z201080-2　项目目标动态控制的纠偏措施

助记口诀
- 组织措施——关键词：组织、分工、流程、人。
- 管理措施——关键词：手段、改变（包括合同管理）。
- 经济措施——关键词：资金、资源。
- 技术措施——关键词：技术、方法、机具。

3. 项目目标的动态控制和主动控制

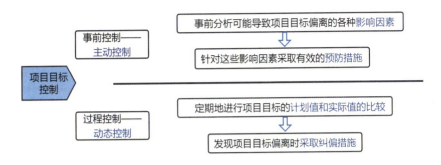

图 1Z201080-3　项目目标的动态控制和主动控制

【考点2】动态控制在进度控制、投资控制中的应用（☆☆☆）

1. 动态控制在进度控制、投资控制中的应用

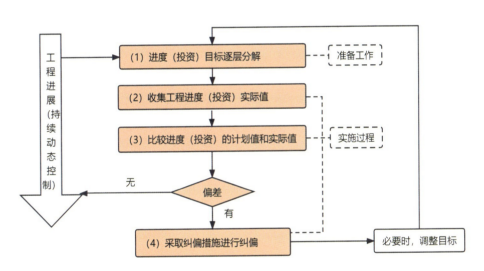

图 1Z201080-4　动态控制在进度控制、投资控制中的应用

2. 投资的计划值和实际值的比较 [14、17、18、20 年单选]

◆工程合同价与工程概算的比较。
◆工程合同价与工程预算的比较。
◆工程款支付与工程概算的比较。
◆工程款支付与工程预算的比较。
◆工程款支付与工程合同价的比较。
◆工程决算与工程概算、工程预算和工程合同价的比较。
投资的计划值和实际值是相对的，如：相对于工程预算而言，工程概算是投资的计划值；相对于工程合同价，则工程概算和工程预算都可作为投资的计划值等。

口助诀记：前面的相对于后面的是计划值，反之后面的相对前面的是实际值。

1Z201090 施工企业项目经理的工作性质、任务和责任

【考点1】施工企业项目经理的工作性质（☆☆☆）

1. 项目经理与建造师的区别与联系 [20年单选]

图 1Z201090-1　项目经理与建造师的区别与联系

2. 《建设工程施工合同（示范文本）》GF—2017—0201 中涉及项目经理的条款 [15年单选，16年多选]

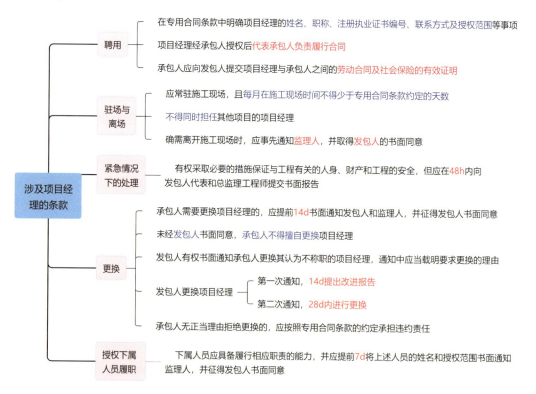

图 1Z201090-2　《建设工程施工合同（示范文本）》GF—2017—0201 中涉及项目经理的条款

直击考点 示范文本中涉及项目经理的一些条款规定，相关的时间点："48h""7d""14d""28d"，务必掌握。

【考点2】施工企业项目经理的任务（☆☆☆）

1．项目经理履行的职责 [13年多选]

> ◆贯彻执行国家和工程所在地政府的有关法律、法规和政策，执行企业的各项管理制度。
> ◆严格财务制度，加强财经管理，正确处理国家、企业与个人的利益关系。
> ◆执行项目承包合同中由项目经理负责履行的各项条款。
> ◆对工程项目施工进行有效控制，执行有关技术规范和标准，积极推广应用新技术，确保工程质量和工期，实现安全、文明生产，努力提高经济效益。

2．项目经理行使的管理权力

> ◆组织项目管理班子。
> ◆以企业法定代表人的代表身份处理与所承担的工程项目有关的外部关系，受托签署有关合同。
> ◆指挥工程项目建设的生产经营活动，调配并管理进入工程项目的人力、资金、物资、机械设备等生产要素。
> ◆选择施工作业队伍。
> ◆进行合理的经济分配。
> ◆企业法定代表人授予的其他管理权力。

3．项目经理的任务

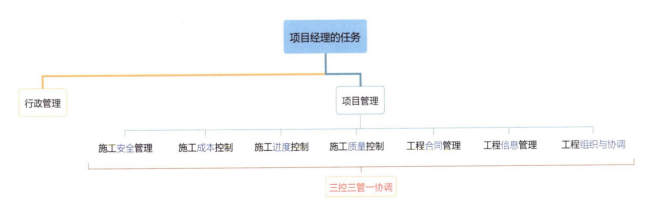

图 1Z201090-3 项目经理的任务

【考点3】施工企业项目经理的责任（☆☆☆☆）

1. 项目管理目标责任书 [13年单选]

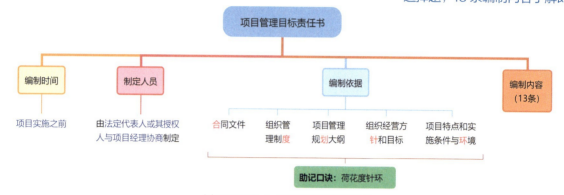

图 1Z201090-4 项目管理目标责任书

直击考点：编制时间、制定人员是单项选择题采分点，编制依据可能会考核多项选择题，13条编制内容了解即可。

2. 项目管理机构负责人的职责 [19年单选]

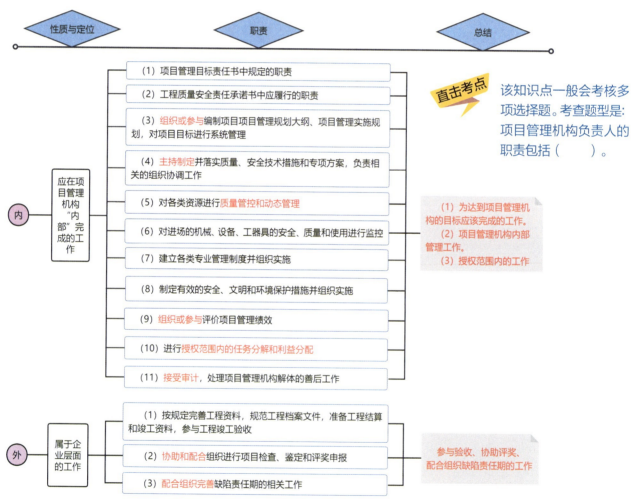

图 1Z201090-5 项目管理机构负责人的职责

直击考点：该知识点一般会考核多项选择题。考查题型是：项目管理机构负责人的职责包括（　　）。

3．项目管理机构负责人的权限

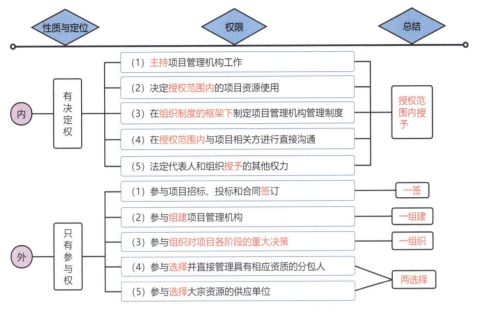

图 1Z201090-6　项目管理机构负责人的权限

 职责是必须要做的，权限是可以放弃的。企业与企业的事，项目经理是参与，其他都是说了算。

【考点4】项目各参与方之间的沟通方法（☆☆☆☆）

1．沟通过程的要素 [15年单选，20、21年多选]

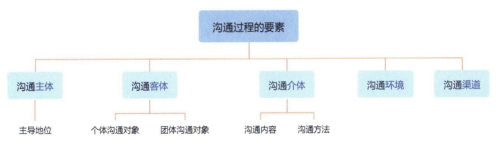

图 1Z201090-7　沟通过程的要素

 该知识点考核题型有两种：（1）沟通过程的要素中，处于主导地位的是（　　）。（2）沟通过程的五要素包括（　　）。

2．沟通能力、沟通要素与沟通层面 [14、16 年单选]

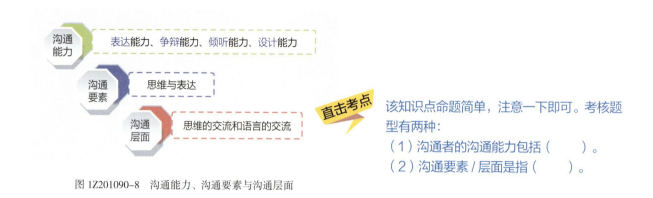

图 1Z201090-8　沟通能力、沟通要素与沟通层面

该知识点命题简单，注意一下即可。考核题型有两种：
（1）沟通者的沟通能力包括（　　）。
（2）沟通要素/层面是指（　　）。

3．沟通障碍 [13 年单选，15 年多选]

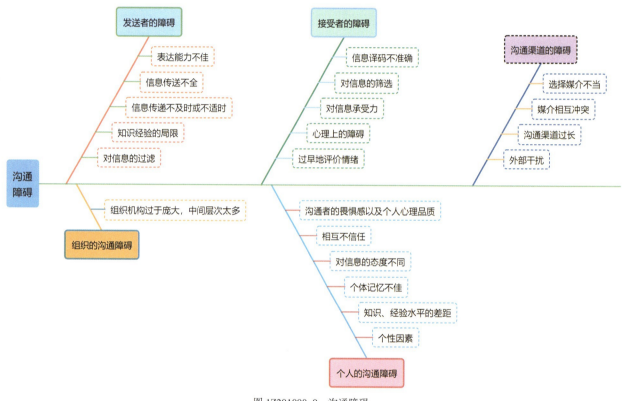

图 1Z201090-9　沟通障碍

【考点5】施工企业人力资源管理的任务（☆☆☆☆）

1．项目人力资源管理的目的 [14 年单选]

◆项目人力资源管理的目的是<u>调动所有项目参与人的积极性</u>，在项目承担组织的内部和外部建立有效的工作机制，以实现项目目标。

2. 施工企业劳动用工管理 [17、18、21年单选]

图 1Z201090-10 施工企业劳动用工管理

 该知识点一般会以判断正确与错误说法的形式考核。

3. 施工企业工资支付管理 [16、17、19、22年单选]

◆建筑施工企业应当按照当地的规定，根据劳动合同约定的工资标准、支付周期和日期，支付劳动者工资，不得以工程款被拖欠、结算纠纷、垫资施工等理由克扣劳动者工资。
◆建筑施工企业应当每月对劳动者应得的工资进行核算，并由劳动者本人签字。
◆建筑施工企业应当至少每月向劳动者支付一次工资，且支付部分不得低于当地最低工资标准，每季度末结清劳动者剩余应得的工资。
◆建筑施工企业应当将工资直接发放给劳动者本人，不得将工资发放给包工头或者不具备用工主体资格的其他组织或个人。
◆建筑施工企业应当对劳动者出勤情况进行记录，作为发放工资的依据，并按照工资支付周期编制工资支付表，不得伪造、变造、隐匿、销毁出勤记录和工资支付表。
◆建筑施工企业因暂时生产经营困难无法按劳动合同约定的日期支付工资的，应当向劳动者说明情况，并经与工会或职工代表协商一致后，可以延期支付工资，但最长不得超过30日。超过30日不支付劳动者工资的，属于无故拖欠工资行为。
◆建筑施工企业与劳动者终止或者依法解除劳动合同，应当在办理终止或解除合同手续的同时一次性付清劳动者工资。

 注意"30日"这个数字。

1Z201100 建设工程项目的风险和风险管理的工作流程

【考点1】项目风险的类型（☆☆☆☆）

1. 风险、风险量和风险等级的内涵 [19年单选]

风险、风险量和风险等级的内涵　　　　表1Z201100-1

项目	内涵	事件风险量的区域
风险	风险指的是损失的不确定性，对建设工程项目管理而言，风险是指可能出现的影响项目目标实现的不确定因素	（见右图）
风险量	反映不确定的损失程度和损失发生的概率。若某个可能发生的事件其可能的损失程度和发生的概率都很大，则其风险量就很大	A→B表示降低概率；A→C表示降低损失量
风险等级	由风险发生概率等级和风险损失等级间的关系矩阵确定	

2. 建设工程项目的风险类型 [13、18、21年单选，14、16年多选]

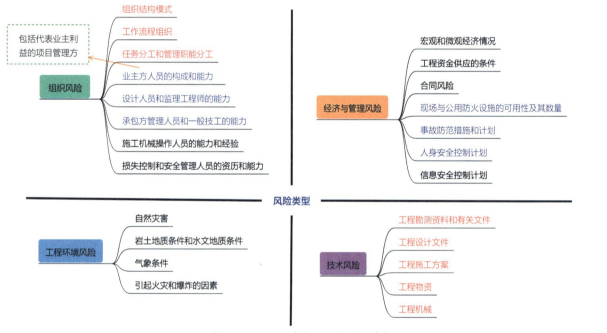

图 1Z201100-1　建设工程项目的风险类型

 四类风险考试时相互作为干扰选项，主要的考核形式是：下列建设工程项目风险中，属于×××风险的有/是（　　）。

【考点2】项目风险管理的工作流程（☆☆☆☆☆）
[13、14、16、22年单选，18、19、20、21、22年多选]

图1Z201100-2　项目风险管理的工作流程

 风险识别、风险评估的内容经常会相互作为干扰选项进行考查。项目风险管理过程可能会有以下三种命题方式：
（1）项目风险管理的工作程序中，风险评估的下一步工作是（　　）。
（2）项目风险管理过程包括施工全过程的风险识别、风险评估、风险应对和（　　）。
（3）项目风险管理正确的程序是（　　）。

1Z201110 建设工程监理的工作性质、工作任务和工作方法

【考点1】监理的工作性质（☆☆☆）[15年单选]

图1Z201110-1　监理的工作性质

【考点2】监理的工作任务（☆☆☆☆）

1. 《建设工程质量管理条例》的有关规定 [18、19年单选，13年多选]

> ◆代表建设单位对施工质量实施监理，并对施工质量承担监理责任。
> ◆工程监理单位应当选派具备相应资格的总监理工程师和监理工程师进驻施工现场。未经监理工程师签字，建筑材料、建筑构配件和设备不得在工程上使用或者安装，施工单位不得进行下一道工序的施工。未经总监理工程师签字，建设单位不拨付工程款，不进行竣工验收。
> ◆监理工程师应当按照工程监理规范的要求，采取旁站、巡视和平行检验等形式，对建设工程实施监理。

2. 《建设工程安全生产管理条例》的有关规定

> ◆工程监理单位应当审查施工组织设计中的安全技术措施或者专项施工方案是否符合工程建设强制性标准。
> ◆工程监理单位在实施监理过程中，发现存在安全事故隐患的，应当要求施工单位整改。
> 情况严重的，应当要求施工单位暂时停止施工，并及时报告建设单位。
> 施工单位拒不整改或者不停止施工的，工程监理单位应当及时向有关主管部门报告。
> ◆工程监理单位和监理工程师应当按照法律、法规和工程建设强制性标准实施监理，并对建设工程安全生产承担监理责任。

3. 在建设工程项目实施的几个主要阶段建设监理工作的主要任务 [17、19年多选]

（1）设计阶段建设监理工作的主要任务

图 1Z201110-2　设计阶段建设监理工作的主要任务

（2）施工准备阶段建设监理工作的主要任务

> ◆审查施工单位提交的施工组织设计中的质量安全技术措施、专项施工方案与工程建设强制性标准的符合性。
> ◆参与设计单位向施工单位的设计交底。
> ◆检查施工单位工程质量、安全生产管理制度及组织机构和人员资格。
> ◆检查施工单位专职安全生产管理人员的配备情况。
> ◆审核分包单位资质条件。
> ◆检查施工单位的试验室。
> ◆查验施工单位的施工测量放线成果。
> ◆审查工程开工条件，签发开工令。

（3）工程施工阶段建设监理工作的主要任务

工程施工阶段建设监理工作的主要任务　　表 1Z201110-1

项目	主要任务
质量控制	（1）核验施工测量放线，验收隐蔽工程、分部分项工程，签署分项、分部工程和单位工程质量评定表。 （2）进行巡视、旁站和平行检验，对发现的质量问题应及时通知施工单位整改，并做监理记录。 （3）审查施工单位报送的工程材料、构配件、设备的质量证明资料，抽检进场的工程材料、构配件的质量。 （4）审查施工单位提交的采用新材料、新工艺、新技术、新设备的论证材料及相关验收标准。 （5）检查施工单位的测量、检测仪器设备、度量衡定期检验的证明文件。 （6）监督施工单位对各类土木和混凝土试件按规定进行检查和抽查。 （7）监督施工单位认真处理施工中发生的一般质量事故，并认真做好记录。 （8）对大和重大质量事故以及其他紧急情况报告业主
进度控制	（1）监督施工单位严格按照施工合同规定的工期组织施工。 （2）审查施工单位提交的施工进度计划，核查施工单位对施工进度计划的调整。 （3）建立工程进度台账，核对工程形象进度，按月、季和年度向业主报告工程执行情况、工程进度以及存在的问题
投资控制	（1）审核施工单位提交的工程款支付申请，签发或出具工程款支付证书，并报业主审核、批准。 （2）建立计量支付签证台账，定期与施工单位核对清算。 （3）审查施工单位提交的工程变更申请，协调处理施工费用索赔、合同争议等事项。 （4）审查施工单位提交的竣工结算申请
安全生产管理	（1）依照法律法规和工程建设强制性标准，对施工单位安全生产管理进行监督。 （2）编制安全生产事故的监理应急预案，并参加业主组织的应急预案的演练。 （3）审查施工单位的工程项目安全生产规章制度、组织机构的建立及专职安全生产管理人员的配备情况。 （4）督促施工单位进行安全自查工作，巡视检查施工现场安全生产情况，对实施监理过程中，发现存在安全事故隐患的，应签发监理工程师通知单，要求施工单位整改；情况严重的，总监理工程师应及时下达工程暂停指令，要求施工单位暂时停止施工，并及时报告业主。施工单位拒不整改或者不停止施工的，应通过业主及时向有关主管部门报告

（4）竣工验收阶段建设监理工作的主要任务

图 1Z201110-3 竣工验收阶段建设监理工作的主要任务

 本考点内容较多，但考核频次并不高，考生应熟悉设计阶段、施工准备阶段、施工阶段、竣工验收阶段建设监理工作的主要任务。

【考点 3】监理的工作方法（☆☆☆☆☆）

1. 《中华人民共和国建筑法》的规定 [17、20、21 年单选]

图 1Z201110-4 《中华人民共和国建筑法》的规定

2. 监理规划及实施细则的编制 [13、14、16 年单选，14、15、16、18 年多选]

监理规划及实施细则的编制　　　　　　表 1Z201110-2

项目	编制时间	谁编	谁审	编制依据	主要内容
监理规划	签订委托监理合同及收到设计文件后	总监理工程师组织专业监理工程师	监理单位技术负责人	（1）法律、法规、审批文件。（2）标准、设计文件、技术资料。（3）监理大纲。（4）合同文件	共 12 点，无需记忆
实施细则	施工开始前	专业监理工程师	总监理工程师	（1）监理规划。（2）标准、设计文件、技术资料。（3）组织设计	共 4 项内容，关键词：特点、流程、要点、方法及措施

 监理规划和实施细则的内容考核时会相互作为干扰选项，只需记实实施细则的 4 项内容，需要注意的是监理工作的方法和措施是两者都有的。

1Z202000 建设工程项目成本管理

1Z202010 成本管理的任务、程序和措施

【考点1】成本管理的任务和程序（☆☆☆☆☆）

1. 两个概念 [19年单选]

> ◆ 施工成本——在建设工程项目的施工过程中所发生的全部生产费用的总和。
> ◆ 成本管理——在保证工期和满足质量要求的情况下，采取相应管理措施，包括组织措施、经济措施、技术措施、合同措施，把成本控制在计划范围内，并进一步寻求最大程度的成本节约。

2. 施工成本的组成 [15年单选，20、21年多选]

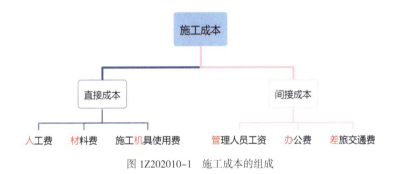

图 1Z202010-1　施工成本的组成

3. 成本管理的任务 [14、16、18、19、20、21、22年单选，16、17年多选]

成本管理的任务　　　　　　　　　　　　　　　表 1Z202010-1

项目	主要任务
成本计划	（1）货币形式编制施工项目在计划期内的生产费用、成本水平、成本降低率以及为降低成本所采取的主要措施和规划的书面方案。 （2）是建立项目成本管理责任制、开展成本控制和核算的基础。 （3）是项目降低成本的指导文件，是设立目标成本的依据是目标成本的一种形式。 （4）项目成本计划一般由施工单位编制。 （5）成本计划可按成本组成、项目结构和工程实施阶段进行编制。 （6）编制成本计划时应遵循的原则：①从实际情况发出；②与其他计划相结合；③采用先进技术经济指标；④统一领导、分级管理；⑤适度弹性

续表

项目	主要任务
成本控制	（1）将实际发生的各种消耗和支出严格控制在成本计划范围内。 （2）建设工程项目施工成本控制应贯穿于项目从投标阶段开始直至保证金返还的全过程。 （3）成本控制可分为事前控制、事中控制（过程控制）和事后控制
成本核算	（1）施工成本核算包括两个基本环节：一是对施工成本进行归集和分配，计算出施工费用的实际发生额；二是计算出该施工项目的总成本和单位成本。 （2）施工成本核算一般以单位工程为对象，但也可以按照承包工程项目的规模、工期、结构类型、施工组织和施工现场等情况，结合成本管理要求，灵活划分成本核算对象。 （3）竣工工程现场成本由项目管理机构进行核算分析，其目的在于考核项目管理绩效。 （4）竣工工程完全成本由企业财务部门进行核算分析，其目的在于考核企业经营效益。 （5）成本核算是对成本计划是否实现的最后检验
成本分析	（1）成本分析是在成本核算的基础上，对成本的形成过程和影响成本升降的因素进行分析，以寻求进一步降低成本的途径。 （2）成本分析贯穿于施工成本管理的全过程。 （3）成本分析主要利用施工项目的成本核算资料（成本信息），与目标成本、预算成本以及类似施工项目的实际成本等进行比较，了解成本的变动情况。 （4）成本偏差的控制，分析是关键，纠偏是核心
成本考核	成本考核是指在项目完成后，对项目成本形成中的各责任者，按项目成本目标责任制的有关规定，将成本的实际指标与计划、定额、预算进行对比和考核，评定施工项目成本计划的完成情况和各责任者的业绩，并以此给予相应的奖励和处罚

 该知识点考核频次较高，每一句话都可能考核，要重点掌握。

4．成本管理的程序 [21年单选]

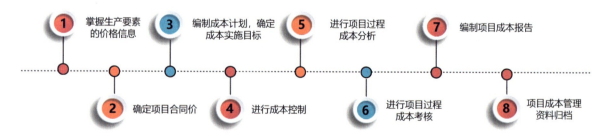

图1Z202010-2　成本管理的程序

 该知识点考核题型有两种：
（1）某项工作的紧前/紧后工作是/有（　　）。
（2）判断正确顺序。

【考点2】成本管理的措施（☆☆☆☆）[13、14、18、20、22年单选，17、22年多选]

成本管理的措施　　　　　　　　　　　表 1Z202010-2

措施	具体内容
组织措施	（1）实行项目经理责任制。 （2）落实施工成本管理的组织机构和人员，明确各级施工成本管理人员的任务和职能分工、权利和责任。 （3）编制施工成本控制工作计划，确定合理详细的工作流程。 （4）加强施工定额管理和施工任务单管理，控制活劳动和物化劳动的消耗。 （5）加强施工调度，避免因施工计划不周和盲目调度造成窝工损失、机械利用率降低、物料积压。 简记：组织、部门、人员、分工、流程
技术措施	（1）进行技术经济分析，确定最佳的施工方案。 （2）结合施工方法，进行材料使用的比选，在满足功能要求的前提下，通过代用、改变配合比、使用外加剂等方法降低材料消耗的费用。 （3）确定合适的施工机械、设备使用方案。 （4）结合项目的施工组织设计及自然地理条件，降低材料的库存成本和运输成本。 （5）应用先进的施工技术，运用新材料，使用先进的机械设备。 简记：方案、方法、设计、技术
经济措施	（1）编制资金使用计划，确定、分解施工成本管理目标。 （2）对成本管理目标进行风险分析，并制定防范性对策。 （3）施工中严格控制各项开支，及时准确地记录、收集、整理、核算实际支出的费用。 （4）对各种变更，及时做好增减账，及时落实业主签证，及时结算工程款。 （5）通过偏差原因分析和未完工程施工成本预测，发现一些潜在的可能引起未完工程施工成本增加的问题，及时采取预防措施。 简记：资金、激励
合同措施	（1）选用合适的合同结构。 （2）在合同的条款中应仔细考虑一切影响成本和效益的因素，特别是潜在的风险因素。 （3）在合同执行期间，既要密切注视对方合同执行情况，以寻求合同索赔的机会，同时也要密切关注自己履行合同的情况，以防被对方索赔。 简记：与合同有关

四大措施是考试的重点，根据关键词进行记忆。

1Z202020 成本计划

【考点1】成本计划的类型（☆☆☆☆☆）

1. 成本计划的类型 [13、14、16、17、20年单选，20年多选]

成本计划的类型　　　　　　　　　　　表 1Z202020-1

类型	阶段	依据	编制
竞争性成本计划	投标及签订合同阶段的估算成本计划	招标文件中的合同条件、投标者须知、技术规范、设计图纸和工程量清单	对本企业完成投标工作所需要支出的全部费用进行估算。总体上比较粗略

033

续表

类型	阶段	依据	编制
指导性成本计划	选派项目经理阶段的预算成本计划	合同价	按照企业的预算定额确定
实施性成本计划	施工准备阶段的施工预算成本计划	项目实施方案	采用企业的施工定额通过施工预算的编制而形成的实施性成本计划

 该知识点应对比记忆。

2. 施工预算的内容 [18年单选]

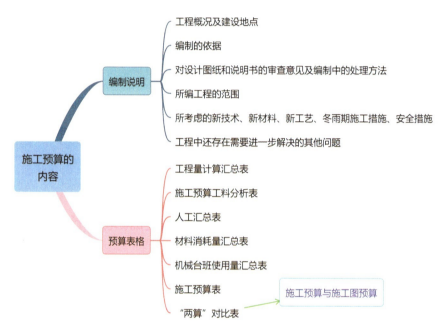

图 1Z202020-1 施工预算的内容

3. 施工预算和施工图预算的区别 [16、20、21年单选]

施工预算和施工图预算的区别　　　　表 1Z202020-2

两算	施工预算	施工图预算
编制依据	施工定额	预算定额
适用范围	施工企业内部管理用，与发包人无直接关系	既适用于发包人，又适用于承包人
发挥作用	承包人组织生产、编制施工计划、准备现场材料、签发任务书、考核工效、进行经济核算的依据，它也是承包人改善经营管理、降低生产成本和推行内部经营承包责任制的重要手段	投标报价的主要依据

 施工预算与施工图预算一字之差，很容易混淆，应对比记忆。施工预算考虑的是施工方案，施工图预算考虑的是综合性。

4. 施工预算和施工图预算的对比方法和内容 [15年单选]

施工预算和施工图预算的对比方法和内容　　　　表 1Z202020-3

项目		内容
对比方法		实物对比法和金额对比法
对比内容	人工量及人工费	施工预算的人工数量及人工费比施工图预算一般要低6%左右
	材料消耗量及材料费	施工预算的材料消耗量及材料费一般低于施工图预算
	施工机具费	（1）施工预算机具费指施工作业所发生的施工机械、仪器仪表使用费或其租赁费。 （2）施工机具部分只能采用两种预算的机具费进行对比分析
	周转材料使用费	（1）施工预算的脚手架：根据施工方案确定的搭设方式和材料计算。 （2）施工图预算综合了脚手架搭设方式，按不同结构和高度，以建筑面积为基数计算。 （3）施工预算的模板按混凝土与模板的接触面积计算。 （4）施工图预算的模板按混凝土体积综合计算。 （5）周转材料宜按其发生的费用进行对比分析

【考点2】成本计划的编制依据和编制程序（☆☆☆）

1. 成本计划的编制依据

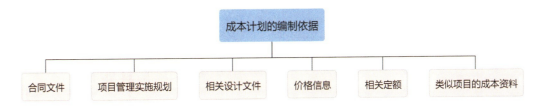

图 1Z202020-2　成本计划的编制依据

2. 成本计划的编制程序

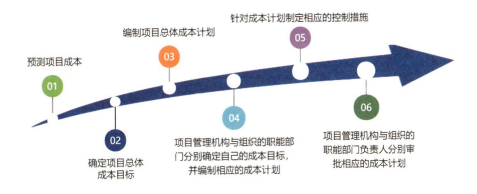

图 1Z202020-3　成本计划的编制程序

【考点3】按成本组成编制成本计划的方法（☆☆☆☆）

1. 按照费用构成要素划分的建筑安装工程费 [22年单选，18、21年多选]

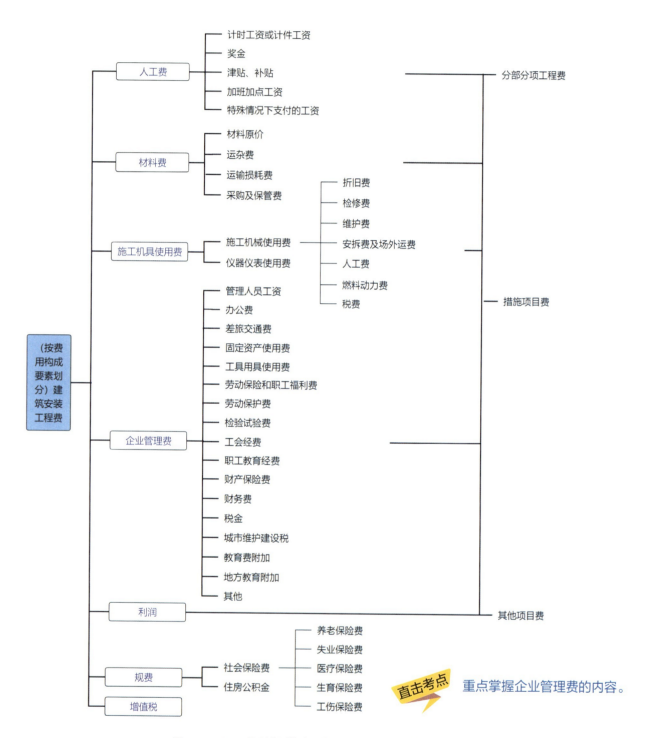

图 1Z202020-4 按照费用构成要素划分的建筑安装工程费

2. 施工成本按成本构成分解 [13、19年单选，16、19年多选]

图 1Z202020-5　施工成本按成本构成分解

 经常会考查的题型是：建设工程项目施工成本按构成要素可分解为（　　）。

【考点4】按项目结构编制成本计划的方法（☆☆☆）

图 1Z202020-6　按项目结构编制成本计划的方法

【考点5】按工程实施阶段编制成本计划的方法（☆☆☆☆）
　　　　　[15、17、18、19、21、22年单选，19、22年多选]

图 1Z202020-7　按工程实施阶段编制成本计划的方法

 （1）会利用直方图和S形曲线计算。

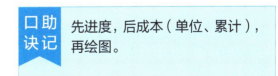

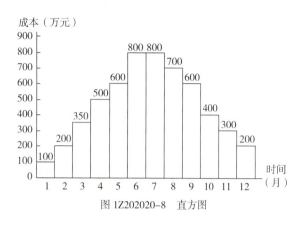
图1Z202020-8 直方图

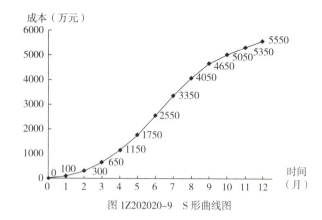
图1Z202020-9 S形曲线图

 左图为直方图,右图为S形曲线图。左图5月份对应的600万元,代表的是5月份计划成本是600万元。右图5月份对应的1750万元,代表的是前5个月共计1750万元。

S形曲线图必然包络在由全部工作都按最早开始时间开始和全部工作都按最迟必须开始时间开始的曲线所组成的"香蕉图"内。

一般而言,所有工作都按最迟开始时间开始,对节约资金贷款利息是有利的,降低了项目按期竣工的保证率。

(2)S形曲线图的绘制步骤:
①确定工程项目进度计划,编制进度计划的横道图;
②根据每单位时间内完成的实物工程量或投入的人力、物力和财力,计算单位时间(月或旬)的成本,在时标网络图上按时间编制成本支出计划;
③计算规定时间 t 计划累计支出的成本额。其计算方法为:各单位时间计划完成的成本额累加求和;
④按各规定时间的 Q_t 值,绘制S形曲线图。

1Z202030 成本控制

【考点1】成本控制的依据和程序(☆☆☆☆☆)

1. 成本控制的依据 [17年多选]

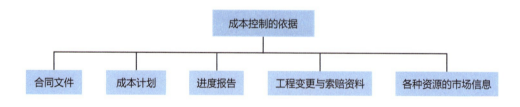

图1Z202030-1 成本控制的依据

 以后考核的话也会是多项选择题。

2. 成本控制的程序 [14、16、17、18 年单选]

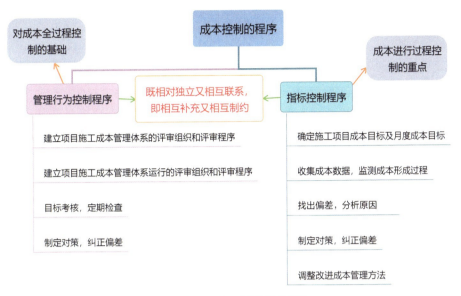

图 1Z202030-2　成本控制的程序

 掌握管理行为控制程序与指标控制程序的区别，以及指标控制程序的内容。

3. 项目成本岗位责任考核表 [21 年单选]

 区分各岗位的职责。

项目成本岗位责任考核表　　　　　　　　　　表 1Z202030-1

岗位名称	职责	检查人	检查时间
项目经理	（1）建立项目成本管理组织。 （2）组织编制项目施工成本管理手册。 （3）定期或不定期地检查有关人员管理行为是否符合岗位职责要求	上级或自查	开工初期检查一次，以后每月检查一次
项目工程师	（1）指定采用新技术降低成本的措施。 （2）编制总进度计划。 （3）编制总的工具及设备使用计划	项目经理或其委托人	开工初期检查一次，以后每月检查1~2次
主管材料员	（1）编制材料采购计划。 （2）编制材料采购月报表。 （3）对材料管理工作每周组织检查一次。 （4）编制月材料盘点表及材料收发结存报表	项目经理或其委托人	每月或不定期抽查
成本会计	（1）编制月度成本计划。 （2）进行成本核算，编制月度成本核算表。 （3）每月编制一次材料复核报告	项目经理或其委托人	每月检查一次
施工员	（1）编制月度用工计划。 （2）编制月材料需求计划。 （3）编制月度工具及设备计划。 （4）开具限额领料单	项目经理或其委托人	每月或不定期抽查

【考点2】成本控制的方法（☆☆☆☆☆）

1. 成本的过程控制方法 [15、17、22 年单选，14、20 年多选]

（1）人工费的控制

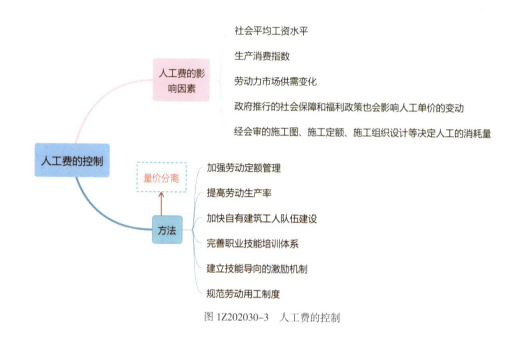

图 1Z202030-3　人工费的控制

 控制方法可能会考核多项选择题。

（2）材料费的控制

图 1Z202030-4　材料费的控制

 区分四个控制。

（3）施工机械使用费的控制

施工机械使用费的控制 表1Z202030-2

项目	内容
台班数量	（1）选择适合项目施工特点的施工机械，制定设备需求计划，合理安排施工生产，充分利用现有机械设备，加强内部调配，提高机械设备的利用率。 （2）尽量避免停工、窝工，尽量减少施工中所消耗的机械台班数量。 （3）核定设备台班定额产量，实行超产奖励办法，加快施工生产进度，提高机械设备单位时间的生产效率和利用率。 （4）加强设备租赁计划管理，减少不必要的设备闲置和浪费，充分利用社会闲置机械资源
台班单价	（1）加强现场设备的维修、保养工作。避免因使用不当造成机械设备的停置。 （2）加强机械操作人员的培训工作。不断提高操作技能，提高施工机械台班的生产效率。 （3）加强配件的管理。 （4）降低材料成本。 （5）成立设备管理领导小组，负责设备调度、检查、维修、评估等具体事宜

 这部分知识点会考核多项选择题，主要的命题方式是："下列施工机械使用费控制措施中，属于控制台班数量/台班单价的有（　　）。"

（4）施工分包费用的控制

◆要做好分包工程的询价、订立平等互利的分包合同、建立稳定的分包关系网络、加强施工验收和分包结算等工作。

2. 赢得值（挣值）法 [13、15、16、17、19、20、21、22年单选，18、19、22年多选]

（1）3个基本参数

3个基本参数 表1Z202030-3

3个基本参数	计算	说明	理想状态
已完工作预算费用 （BCWP）	已完成工作量 × 预算单价	实际希望支付的钱（执行预算）	ACWP、BCWS、BCWP三条曲线靠得很近、平稳上升，表示项目按预定计划目标进行。如果三条曲线离散度不断增加，则可能出现较大的费用偏差
计划工作预算费用 （BCWS）	计划工作量 × 预算单价	希望支付的钱（计划预算）	
已完工作实际费用 （ACWP）	已完成工作量 × 实际单价	实际支付的钱（执行成本）	

（2）4个评价指标

4个评价指标　　　　　　　　　　　　　表1Z202030-4

四个评价指标	计算	助记	评价	助记	说明	意义
费用偏差（CV）	BCWP－ACWP	两"已完"相减，预算减实际	<0，超支；>0，节支	得负不利，得正有利	反映的是绝对偏差，仅适合于对同一项目作偏差分析	在项目的费用、进度综合控制中引入赢得值法，可以克服过去进度、费用分开控制的缺点
进度偏差（SV）	BCWP－BCWS	两"预算"相减，已完减计划	<0，延误；>0，提前			
费用绩效指数（CPI）	BCWP/ACWP	—	<1，超支；>1，节支	大于1有利；小于1不利	反映的是相对偏差，在同一项目和不同项目比较中均可采用	
进度绩效指数（SPI）	BCWP/BCWS	—	<1，延误；>1，提前			

 赢得值法的3个参数、4个指标，必考内容，务必掌握。

 已完预算是挣值，比较需要同口径。
偏差相减与零比，指数相除与一比；大于0、大于1都有利。

3. 偏差分析的表达方法 [16、18、19年单选，16、21年多选]

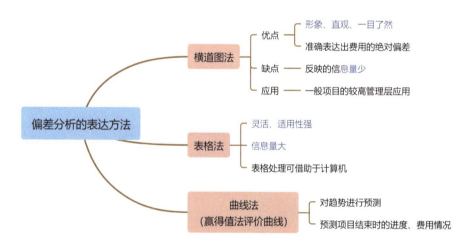

图1Z202030-5　偏差分析的表达方法

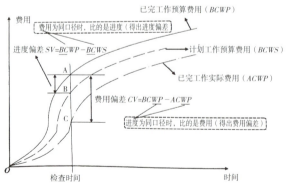

图1Z202030-6　赢得值法评价曲线

 对比记忆三个方法的优点。曲线法就是赢得值法。曲线之间的偏差是累计偏差。

4. 产生费用偏差的原因

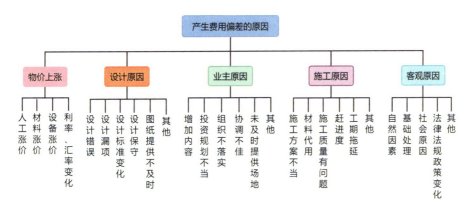

图 1Z202030-7 产生费用偏差的原因

5. 赢得值法参数分析与对应措施 [17、20年单选，15年多选]

赢得值法参数分析与对应措施　　　表 1Z202030-5

图形	参数关系	分析	措施
ACWP / BCWS / BCWP	$ACWP > BCWS > BCWP$ $SV < 0;\ CV < 0$	效率低进度较慢	用工作效率高的人员更换一批工作效率低的人员
BCWP / BCWS / ACWP	$BCWP > BCWS > ACWP$ $SV > 0;\ CV > 0$	效率高进度较快	若偏离不大，维持现状
BCWP / ACWP / BCWS	$BCWP > ACWP > BCWS$ $SV > 0;\ CV > 0$	效率较高进度快	抽出部分人员，放慢进度
ACWP / BCWP / BCWS	$ACWP > BCWP > BCWS$ $SV > 0;\ CV < 0$	效率较低进度较快	抽出部分人员，增加少量骨干人员
BCWS / ACWP / BCWP	$BCWS > ACWP > BCWP$ $SV < 0;\ CV < 0$	效率较低进度慢	增加高效人员投入

续表

图形	参数关系	分析	措施
	$BCWS > BCWP > ACWP$ $SV < 0$；$CV > 0$	效率较高进度较慢	迅速增加人员投入

直击考点 考核的题型一般是：根据参数关系或图形判断分析应采取的措施。

1Z202040 成本核算

【考点1】成本核算的原则、依据、范围和程序（☆☆☆☆☆）

1．成本核算的原则 [21年单选]

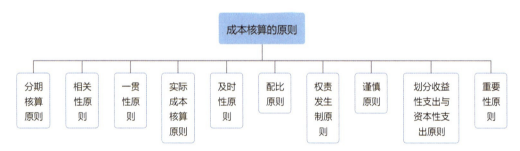

图 1Z202040-1 成本核算的原则

直击考点 熟悉各原则的概念，考试时可能让根据概念判断属于哪个原则。

2．成本核算的依据、范围和程序 [18、19、20、21、22年单选，18、19年多选]

成本核算的依据、范围和程序　　　　　　　　　　　　　　表 1Z202040-1

项目		内容
依据		（1）各种财产物资的收发、领退、转移、报废、清查、盘点资料。 （2）原始记录和工程量统计资料。 （3）各项内部消耗定额以及内部结算指导价
范围	工程成本	工程成本包括从建造合同签订开始至合同完成止所发生的、与执行合同有关的直接费用和间接费用。 （1）直接费用包括：①耗用的材料费用；②耗用的人工费用；③耗用的机械使用费；④其他直接费用。 （2）间接费用，是指企业各施工单位为组织和管理工程施工所发生的费用
	成本项目类别	直接人工、直接材料、机械使用费、其他直接费用、间接费用、分包成本

续表

项目	内容
程序	（1）对所发生的费用进行审核，以确定应计入工程成本的费用和计入各项期间费用的数额。 （2）将应计入工程成本的各项费用，区分为哪些应当计入本月的工程成本，哪些应由其他月份的工程成本负担。 （3）将每个月应计入工程成本的生产费用，在各个成本对象之间进行分配和归集，计算各工程成本。 （4）对未完工程进行盘点，以确定本期已完工程实际成本。 （5）将已完工程成本转入工程结算成本，核算竣工工程实际成本

 注意区分直接费用和间接费用，重点掌握直接费用的内容。

【考点2】成本核算的方法（☆☆☆☆）[18、20年单选，19、20、21、22年多选]

成本核算的方法　　　　　　　　　　　　　　表1Z202040-2

方法	优点	缺点	适用
表格核算法	简便易懂，方便操作，实用性较好	难以实现较为科学严密的审核制度，精度不高，覆盖面较小	进行工程项目施工各岗位成本的责任核算和控制
会计核算法	科学严密，人为控制的因素较小而且核算的覆盖面较大	对核算工作人员的专业水平和工作经验都要求较高	进行工程项目成本核算。项目财务部门一般采用此种方法

 注意区分两个方法的优缺点，考试时主要以判断正确与错误说法的形式考核。

1Z202050 成本分析和成本考核

【考点1】成本分析的依据、内容和步骤（☆☆☆☆）

1. 成本分析的依据 [16、17、19、20年单选，22年多选]

成本分析的依据　　　　　　　　　　　　　　表1Z202050-1

依据	范围	适用	目的
会计核算	最小	一般是对已经发生的经济活动进行核算	主要是价值核算
业务核算	最广	核算已经完成的项目是否达到原定的目的、取得预期的效果，也可以对尚未发生或正在发生的经济活动进行核算	迅速取得资料，以便在经济活动中及时采取措施进行调整
统计核算	第二	一般是对已经发生的经济活动进行核算	不仅能提供绝对数指标，还能提供相对数和平均数指标，可以计算当前的实际水平，还可以确定变动速度以预测发展的趋势

成本分析的依据还包括：项目成本计划；项目成本核算资料。会计核算、业务核算和统计核算是主要依据。会计核算、业务核算、统计核算很容易混淆，要记准关键词。业务核算可考内容最多，考的概率最大。

2. 成本分析的内容与步骤 [22 年单选]

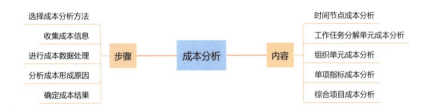

图 1Z202050-1　成本分析的内容与步骤

【考点2】成本分析的方法（☆☆☆☆☆）

1. 成本分析的基本方法 [14、15、16、18、22 年单选，15 年多选]

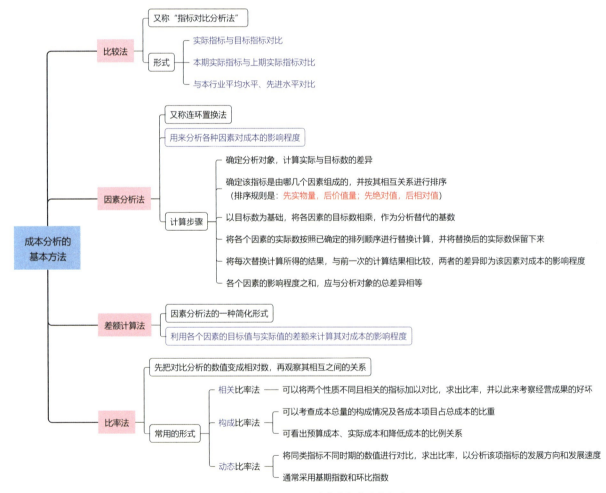

图 1Z202050-2　成本分析的基本方法

直击考点 该知识点会考核计算题。因素分析法替换过程中，一次只能替换一个变量，已经替换的数据保留，每次替换与前一次比较。

2. 综合成本的分析方法 [13、16、19、21年单选，13、14、16、20、21、22年多选]

综合成本的分析方法　　　　　　表 1Z202050-2

方法	内容
分部分项工程成本分析	施工项目成本分析的基础：分部分项工程成本分析。 分析的对象：已完成分部分项工程。 分析的方法：进行预算成本、目标成本和实际成本的"三算"对比。 资料来源：预算成本来自投标报价成本，目标成本来自施工预算，实际成本来自施工任务单的实际工程量、实耗人工和限额领料单的实耗材料。 对于那些主要分部分项工程必须进行成本分析，而且要做到从开工到竣工进行系统的成本分析
月（季）度成本分析	（1）通过实际成本与预算成本的对比，分析当月（季）的成本降低水平。 （2）通过实际成本与目标成本的对比，分析目标成本的落实情况以及目标管理中的问题和不足。 （3）通过对各成本项目的成本分析，可以了解成本总量的构成比例和成本管理的薄弱环节。 （4）通过主要技术经济指标的实际与目标对比，分析产量、工期、质量、"三材"节约率、机械利用率等对成本的影响。 （5）通过对技术组织措施执行效果的分析，寻求更加有效的节约途径。 （6）分析其他有利条件和不利条件对成本的影响
年度成本分析	企业成本要求一年结算一次，不得将本年度成本转入下一年度。 分析的依据是年度成本报表。 重点是针对下一年度的施工进展情况制定切实可行的成本管理措施，以保证施工项目成本目标的实现
竣工成本的综合分析	（1）竣工成本分析。 （2）主要资源节超对比分析。 （3）主要技术节约措施及经济效果分析。 通过以上分析，可以全面了解单位工程的成本构成和降低成本的来源，对今后同类工程的成本管理提供参考

 直击考点 这部分内容是高频考点，重点掌握。分部分项工程成本分析主要考查题型是判断正确与错误说法的形式；月（季）度成本分析熟悉即可；年度成本分析主要考核分析的重点；单位工程竣工成本分析的内容一般考核多项选择题。

3. 成本项目的分析方法 [17年单选，22年多选]

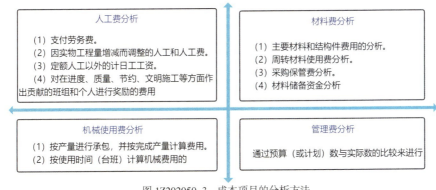

图 1Z202050-3　成本项目的分析方法

4. 专项成本分析方法 [15、17、20 年单选，17、19 年多选]

图 1Z202050-4　专项成本分析方法

 成本项目的分析方法与专项成本分析方法如果考查多项选择题，会相互作为干扰选项。成本支出率会考核计算题。

【考点3】成本考核的依据和方法（☆☆☆）

1. 成本考核的依据

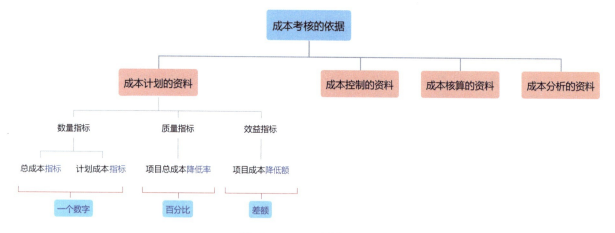

图 1Z202050-5　成本考核的依据

2. 成本考核的主要指标

◆项目成本降低额。
◆项目成本降低率。

1Z203000 建设工程项目进度控制

1Z203010 建设工程项目进度控制与进度计划系统

【考点1】项目进度控制的目的（☆☆☆）

1. 进度控制的管理过程 [16年单选]

① 进度目标的分析和论证，其目的是论证进度目标是否合理，进度目标有否可能实现

② 在收集资料和调查研究的基础上编制进度计划

③ 进度计划的跟踪检查与调整，若执行有偏差，则采取纠偏措施，并视必要调整进度计划

> 进度控制的过程就是随着项目的进展，进度计划不断调整的过程

图 1Z203010-1 进度控制的管理过程

2. 项目进度控制的目的 [15、21年单选，13年多选]

◆ 进度控制的目的是通过控制以实现工程的进度目标。
◆ 盲目赶工，难免会导致施工质量问题和施工安全问题的出现，并且会引起施工成本的增加。
◆ 施工进度控制并不仅关系到施工进度目标能否实现，它还直接关系到工程的质量和成本。
◆ 工程施工实践中，必须树立和坚持一个最基本的工程管理原则，即在确保工程质量的前提下，控制工程的进度。

 该知识点在考核判断正确与错误说法的题目时，每一句都可能作为备选项。

【考点2】项目进度控制的任务（☆☆☆☆☆）[13、18、20年单选]

项目进度控制的任务　　　　　　　　　　　表 1Z203010-1

参与方	控制角度	依据	具体内容
业主方	整个项目实施阶段的进度	—	控制设计准备阶段的工作进度、设计工作进度、施工进度、物资采购工作进度以及项目动用前准备阶段的工作进度
设计方	设计进度	设计任务委托合同	（1）设计方应尽可能使设计工作的进度与招标、施工和物资采购等工作进度相协调。 （2）设计进度计划主要是确定各设计阶段的设计图纸（包括有关的说明）的出图计划
施工方	施工进度	施工任务委托合同	应视项目的特点和施工进度控制的需要，编制深度不同的控制性和直接指导项目施工的进度计划，以及按不同计划周期编制的计划，如年度、季度、月度和旬计划等
供货方	供货进度	供货合同	包括供货的所有环节，如采购、加工制造、运输等

通过上表不难理解，业主方和项目各参与方都有进度控制的任务，控制的目标和时间范畴是不相同的。

【考点3】项目进度计划系统的建立（☆☆☆☆☆）

1. 建设工程项目进度计划系统的内涵 [19年单选]

> ◆建设工程项目进度计划系统是由多个相互关联的进度计划组成的系统，它是项目进度控制的依据。
> ◆项目进度计划系统的建立和完善是逐步形成的。

2. 不同类型的建设工程项目进度计划系统 [13、17、18年单选，19、20年多选]

不同类型的建设工程项目进度计划系统　　　　　　　　　　　表 1Z203010-2

不同需要和不同用途构建	具体计划系统	内部关系
不同深度构成的	（1）总进度规划（计划）。 （2）子系统进度规划（计划）。 （3）子系统中的单项工程进度计划	联系和协调
不同功能构成的	（1）控制性、指导性进度规划（计划）。 （2）实施性（操作性）进度计划	联系和协调

续表

不同需要和不同用途构建	具体计划系统	内部关系
不同项目参与方构成的	（1）整个项目实施的进度计划。 （2）设计进度计划。 （3）施工和设备安装进度计划。 （4）采购和供货进度计划	联系和协调
不同周期构成的	（1）5年或多年建设进度计划。 （2）年度、季度、月度和旬计划	—

 从字面上区分几个进度计划。考试时主要有两种命题形式：
（1）选项中给出具体计划，判断属于哪类进度计划系统。
（2）题干中给出具体计划，判断属于哪类进度计划系统，这类题目考核居多。

1Z203020 建设工程项目总进度目标的论证

【考点1】项目总进度目标论证的工作内容（☆☆☆☆☆）

1. 建设工程项目的总进度目标的内涵 [14、16、18、22年单选，17、19、21年多选]

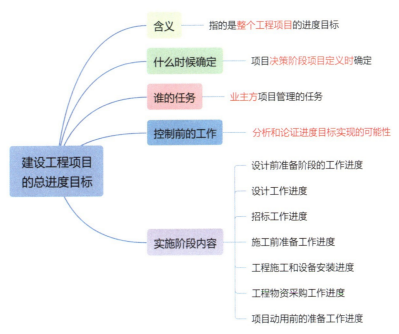

图 1Z203020-1　建设工程项目的总进度目标的内涵

 含义，属于谁的管理任务，控制前的工作都是典型的单项选择题采分点，考核题目也都比较简单。项目总进度的内容一般会以多项选择题进行考核。

2. 建设工程项目总进度目标论证 [14、21年单选，15、20、22年多选]

图 1Z203020-2　建设工程项目总进度目标论证

 大型建设工程项目总进度目标论证的核心工作，是单项选择题采分点。总进度纲要的内容会考核多项选择题。

【考点2】项目总进度目标论证的工作步骤（☆☆☆☆☆）
　　　　　　[14、15、17、18、19、20年单选，14、16、18年多选]

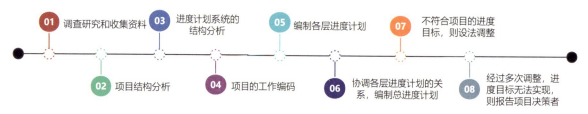

图 1Z203020-3　项目总进度目标论证的工作步骤

 考试主要的命题形式是：（1）判断某几项工作的正确顺序；（2）判断某项工作之前或之后应完成的工作。理解步骤2在步骤3之前，步骤5在步骤6之前（先分后总），此类题就是送分题。

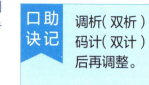

另外，调查研究和收集资料包括的工作内容是多项选择题的采分点，五项工作分别是：
（1）了解和收集项目决策阶段有关项目进度目标确定的情况和资料；
（2）收集与进度有关的该项目组织、管理、经济和技术资料；
（3）收集类似项目的进度资料；
（4）了解和调查该项目的总体部署；
（5）了解和调查该项目实施的主客观条件等。
大型建设工程项目的结构分析是根据编制总进度纲要的需要，将整个项目进行逐层分解，并确立相应的工作目录。

1Z203030 建设工程项目进度计划的编制和调整方法

【考点1】横道图进度计划的编制方法（☆☆☆☆）
[15、19、20、21、22年单选，19年多选]

图 1Z203030-1 横道图进度计划的编制方法

 横道图的优点与不足主要考核形式是判断正确与错误说法的题目。对其应用应熟练，会考核横道图的应用，难度较大。

【考点2】工程网络计划的编制方法（☆☆☆☆☆）

1. 双代号网络计划的基本概念 [14、15、17、20、21年单选，15、17、19年多选]

双代号网络计划的基本概念   表 1Z203030-1

项目	如何命题	采分点
双代号网络图	直接对概念的考核，主要考核单项选择题	以箭线及其两端节点的编号表示工作的网络图
箭线（工作）	（1）双代号网络计划中虚工作的含义是什么？ （2）根据所给网络图，判断逻辑关系是否正确	（1）工作名称标注在箭线的上方，完成该项工作所需要的持续时间标注在箭线的下方。 （2）任意一条实箭线都要占用时间、消耗资源。 （3）虚箭线既不占用时间，也不消耗资源，一般起着工作之间的联系、区分和断路三个作用。 （4）在双代号网络图中，紧排在本工作之前的工作称为紧前工作；紧排在本工作之后的工作称为紧后工作；与之平行进行的工作称为平行工作

续表

项目	如何命题	采分点
节点	（1）判断正确与错误说法的综合题目。 （2）对概念的考核	一项工作应当只有唯一的一条箭线和相应的一对节点，且要求箭尾节点的编号小于其箭头节点的编号。网络图节点的编号顺序应从小到大，可不连续，但不允许重复。 简记：箭线节点一对一，箭尾号小于头号，编号顺序小到大，不重复可不连续
线路	判断正确与错误说法的综合题目	（1）网络图中从起始节点开始，沿箭头方向顺序通过一系列箭线与节点，最后达到终点节点的通路称为线路。 （2）在各条线路上，有一条或几条线路的总时间最长，称为关键线路
逻辑关系	可能会根据所给网络图，判断工作的先后顺序	包括工艺关系和组织关系，在网络中均应表现为工作之间的先后顺序

 箭线、节点、线路、逻辑关系等基本概念，需要理解，不需要死记硬背。

2. 双代号网络图的绘图规则 [14、17、21、22年单选，13、18、20年多选]

◆ 必须正确表达已定的逻辑关系。
◆ 严禁出现循环回路。
◆ 在节点之间严禁出现带双向箭头或无箭头的连线。
◆ 严禁出现没有箭头节点或没有箭尾节点的箭线。
◆ 当双代号网络图的某些节点有多条外向箭线或多条内向箭线时，可使用母线法绘制。
◆ 绘制网络图时，箭线不宜交叉。（如果说箭线不能交叉是说法错误）
◆ 双代号网络图中应只有一个起点节点和一个终点节点（多目标网络计划除外），而其他所有节点均应是中间节点。
◆ 双代号网络图应条理清楚，布局合理。

 网络计划的绘图规则务必掌握，在本科目考试中，主要的考查形式是根据网络图判断绘图错误之处。在《专业实务》科目中有可能需要考生亲自绘制双代号网络计划，再根据网络计划解决其他问题。
快速正确判断双代号网络图中错误的画法：

快速正确判断双代号网络图中错误的画法　　　　　　　　　　　　　　　表 1Z203030-2

类型	错误画法	图例
是否存在多个起点节点？	如果存在两个或两个以上的节点只有外向箭线、而无内向箭线，就说明存在多个起点节点。图中节点①和②就是两个起点节点	
是否存在多个终点节点？	如果存在两个或两个以上的节点只有内向箭线、而无外向箭线，就说明存在多个终点节点。图中节点⑧、⑨就是两个终点节点	

续表

类型	错误画法	图例
是否存在节点编号错误？	（1）如果箭尾节点的编号大于箭头节点的编号，就说明存在节点编号错误	
	（2）如果节点的编号出现重复，就说明存在节点编号错误	
是否存在工作代号重复？	如果某一工作代号出现两次或两次以上，就说明工作代号重复。图中的工作C出现了两次	
是否存在多余虚工作？	（1）判断一条箭线是否多余，就是把它去掉后，看看有没有改变原来工作的逻辑关系，如果紧前、紧后工作均无变化，那些虚箭线就是多余的。图中虚工作⑤→⑥是多余的。 （2）如果某一虚工作的紧前工作只有虚工作，那么该虚工作是多余的；图中虚工作⑤→⑥是多余的	
	（3）如果某两个节点之间既有虚工作，又有实工作，那么该虚工作也是多余的。下图虚工作②→④是多余的	
是否存在循环回路？	如果从某一节点出发沿着箭线的方向又回到了该节点，这就说明存在循环回路	
是否存在逻辑关系错误？	根据题中所给定的逻辑关系逐一在网络图中核对，只要有一处与给定的条件不相符，就说明逻辑关系错误。图中，工作H的紧前工作是C、D和E，可以确定逻辑关系错误	

3．单代号网络计划的基本概念与绘图规则 [19年单选，14年多选]

单代号网络计划的基本概念与绘图规则　　表1Z203030-3

项目	采分点
单代号网络图	是以节点及其编号表示工作，以箭线表示工作之间逻辑关系的网络图
节点	（1）每一个节点表示一项工作。 （2）必须编号。编号标注在节点内，其号码可间断，但严禁重复。 （3）箭线的箭尾节点编号应小于箭头节点的编号。 （4）一项工作必须有唯一的一个节点及相应的一个编号

续表

项目	采分点
绘图规则	（1）必须正确表达已定的逻辑关系。 （2）严禁出现循环回路。 （3）严禁出现双向箭头或无箭头的连线。 （4）严禁出现没有箭尾节点的箭线和没有箭头节点的箭线。 （5）箭线不宜交叉，当交叉不可避免时，可采用过桥法或指向法绘制。 （6）只应有一个起点节点和一个终点节点

4. 单代号搭接网络计划中的搭接关系 [14、22 年单选]

单代号搭接网络计划中的搭接关系　　　　　表 1Z203030-4

时距	含义	图例
完成到开始时距（$FTS_{i,j}$）	紧前工作 i 的完成时间与紧后工作 j 的开始时间之间的时距	（a）从横道图看 FTS 时距；（b）用单代号搭接网络计划方法表示
完成到完成时距（$FTF_{i,j}$）	紧前工作 i 的完成时间与紧后工作 j 的完成时间之间的时距	（a）从横道图看 FTF 时距；（b）用单代号搭接网络计划方法表示
开始到开始时距（$STS_{i,j}$）	紧前工作 i 的开始时间与紧后工作 j 的开始时间之间的时距	（a）从横道图看 STS 间距；（b）用单代号搭接网络计划方法表示
开始到完成时距（$STF_{i,j}$）	紧前工作 i 的开始时间与紧后工作 j 的结束时间之间的时距	（a）从横道图看 STF 可距；（b）用单代号搭接网络计划方法表示

 熟悉含义及图形。注意时距一般标注在箭线的上方。

【考点3】工程网络计划有关时间参数的计算（☆☆☆☆☆）

1. 双代号网络计划时间参数的概念及其符号 [16、19年单选，16、21年多选]

双代号网络计划时间参数的概念及其符号　　　表 1Z203030-5

时间参数		含义	符号
工作持续时间		是一项工作从开始到完成的时间	D_{i-j}
工期	计算工期	根据网络计划时间参数计算出来的工期	T_c
	要求工期	任务委托人所要求的工期	T_r
	计划工期	根据要求工期和计算工期所确定的作为实施目标的工期	T_p
时间参数	最早开始时间	在各紧前工作全部完成后，工作 i—j 有可能开始的最早时刻	ES_{i-j}
	最早完成时间	在各紧前工作全部完成后，工作 i—j 有可能完成的最早时刻	EF_{i-j}
	最迟开始时间	在不影响整个任务按期完成的前提下，工作 i—j 必须开始的最迟时刻	LS_{i-j}
	最迟完成时间	在不影响整个任务按期完成的前提下，工作 i—j 必须完成的最迟时刻	LF_{i-j}
	总时差	在不影响总工期的前提下，工作 i—j 可以利用的机动时间	TF_{i-j}
	自由时差	在不影响其紧后工作最早开始的前提下，工作 i—j 可以利用的机动时间	FF_{i-j}

 该知识点属于基本知识点，应熟悉。

2. 双代号网络计划时间参数的计算——工作计算法 [13、15、16、17、18、19、20、21、22年单选，19、20年多选]

（1）最早开始时间与最早完成时间

最早开始时间与最早完成时间计算　　　表 1Z203030-6

时间参数	计算
最早开始时间	起点节点：为 0。 其他工作：max{紧前工作最早完成时间的最大值}
最早完成时间	本工作最早开始时间 + 持续时间

（2）计算工期

◆计算工期 =max{终点节点为箭头节点的工作的最早完成时间的最大值}=max{终点节点为箭头节点的工作的最早开始时间 + 持续时间}

 最早看紧前，多个取最大，紧前未知可顺推。

（3）最迟完成时间和最迟开始时间

最迟完成时间和最迟开始时间计算　　　表 1Z203030-7

时间参数	计算
最迟完成时间	终点节点：等于网络计划的计划工期。 其他工作：min{紧后工作最迟开始时间的最小值}
最迟开始时间	最迟完成时间－持续时间

 口诀助记　最迟看紧后，多个取最小，紧后未知可顺推。

（4）总时差

> ◆在双代号网络计划中，如果某工作只有唯一一条线路通过，该工作的总时差等于该条线路的总时差。如果某工作不止一条线路通过，该工作的总时差就等于所通过的各条线路总时差的最小值。
> 取最小值法：
> 一找——找出经过该工作的所有线路。注意一定要找全，如果找不全，可能会出现错误。
> 一加——计算各条线路中所有工作的持续时间之和。
> 一减——分别用计算工期减去各条线路的持续时间之和。
> 取小——取相减后的最小值就是该工作的总时差。
> ◆在双代号网络计划中的某工作的总时差就等于该双代号网络计划的计算工期减去经过该工作的所有线路的持续时间之和的最大值。

（5）自由时差

自由时差的计算　　　表 1Z203030-8

时间参数	计算	与总时差的关系
有紧后工作的工作	自由时差 =min{本工作之紧后工作最早开始时间－本工作最早完成时间}	对于同一项目工作而言，自由时差不会超过总时差。当工作的总时差为0时，其自由时差必然为0
无紧后工作的工作（终点节点为完成节点的工作）	自由时差 = 计划工期－本工作最早完成时间	

直击考点　这部分内容是本章最重要的考点，每年必考，考试时主要的命题形式有三种：

（1）已知某工作和其紧后工作的部分时间参数来求该工作的其他时间参数。

（2）已知双代号网络计划图来求某工作的时间参数。

（3）对时间参数计算的表述题目。

关于六时参数的计算方法，需要牢记不同数据的位置。

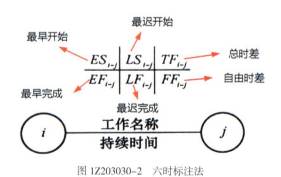

图 1Z203030-2　六时标注法

3. 双代号网络计划时间参数的计算——节点计算法 [19年单选，18年多选]

双代号网络计划时间参数的计算——节点计算法　　　　表 1Z203030-9

时间参数	计算
节点最早时间	（1）网络计划起点节点，如未规定最早时间时，其值等于零。 （2）其他节点的最早时间的计算：$ET_j=\max\{ET_i+D_{i-j}\}$。 （3）网络计划的计算工期等于网络计划终点节点的最早时间，即 $T_c=ET_n$
计划工期	（1）当已规定了要求工期时，计划工期不应超过要求工期，即 $T_p \leq T_r$。 （2）当未规定要求工期时，可令计划工期等于计算工期，即 $T_p=T_c$
节点最迟时间	（1）网络计划终点节点的最迟时间等于网络计划的计划工期，即 $LT_n=T_p$。 （2）其他节点的最迟时间的计算：$LT_i=\min\{LT_j-D_{i-j}\}$
最早开始时间	工作的最早开始时间等于该工作开始节点的最早时间，即 $ES_{i-j}=ET_i$
最早完成时间	工作的最早完成时间等于该工作开始节点的最早时间与其持续时间之和，即 $EF_{i-j}=ET_i+D_{i-j}$
最迟完成时间	工作的最迟完成时间等于该工作完成节点的最迟时间，即 $LF_{i-j}=LT_j$
最迟开始时间	工作的最迟开始时间等于该工作完成节点的最迟时间与其持续时间之差，即 $LS_{i-j}=LT_j-D_{i-j}$
总时差	工作的总时差等于该工作完成节点的最迟时间减去该工作开始节点的最早时间所得差值再减其持续时间，即 $TF_{i-j}=LF_{i-j}-EF_{i-j}=LT_j-(ET_i+D_{i-j})=LT_j-ET_i-D_{i-j}$
自由时差	自由时差等于本工作的紧后工作最早开始时间减本工作最早完成时间所得之差的最小值，即 $FF_{i-j}=\min\{ES_{j-k}-ES_{i-j}-D_{i-j}\}=\min\{ES_{j-k}\}-ES_{i-j}-D_{i-j}=\min\{ET_j\}-ET_i-D_{i-j}$。 特别需要注意的是，如果本工作与其各紧后工作之间存在虚工作时，其中的 ET 应为本工作紧后工作开始节点的最早时间，而不是本工作完成节点的最早时间

 该知识点主要考核题型是根据已知双代号网络计划来求某工作的时间参数，考查最多的是总时差、自由时差的计算。

4. 单代号网络计划时间参数的计算 [14、16、21年单选，22年多选]

（1）最早开始时间和最早完成时间

最早开始时间和最早完成时间的计算　　　　表 1Z203030-10

时间参数	计算
最早开始时间	起点节点：为0。 其他工作：max{紧前工作最早完成时间}
最早完成时间	本工作的最早开始时间 + 持续时间

（2）计算工期

> ◆ 网络计划的计算工期等于其终点节点所代表的工作的最早完成时间。

（3）相邻两项工作之间的时间间隔

> ◆ 相邻两项工作之间的时间间隔 = 紧后工作的最早开始时间 － 本工作最早完成时间。

（4）总时差与自由时差

总时差与自由时差的计算　　　　　　　　　　　表 1Z203030-11

	总时差	自由时差
终点节点所代表的工作	等于计划工期与计算工期之差。当计划工期等于计算工期时，该工作的总时差为零	等于计划工期与本工作的最早完成时间之差
其他工作	总时差 =min{ 本工作与其各紧后工作之间的时间间隔 + 紧后工作的总时差 }	自由时差 =min{ 本工作与其紧后工作之间时间间隔 }

（5）最迟完成时间和最迟开始时间

最迟完成时间和最迟开始时间的计算　　　　　　表 1Z203030-12

	最迟完成时间	最迟开始时间
根据总时差计算	最迟完成时间 = 本工作的最早完成时间 + 总时差	最迟开始时间 = 本工作的最早开始时间 + 总时差
根据计划工期计算	最迟完成时间 =min{ 该工作各紧后工作最迟开始时间 }	最迟开始时间 = 本工作的最迟完成时间 － 持续时间之差

这部分内容考试时主要的命题形式有三种：
（1）已知某工作和其紧后工作的部分时间参数来求该工作的其他时间参数。
（2）已知双代号网络计划图来求某工作的时间参数。
（3）对时间参数计算的表述题目。

5．单代号搭接网络计划的时间参数计算 [20年单选，21年多选]

单代号搭接网络计划的时间参数计算　　　　表 1Z203030-13

时间参数	计算	
工作最早时间	（1）起点节点的工作最早开始时间都应为零，即 $ES_i=0$（$i=$起点节点编号）。 （2）其他工作 j 的最早开始时间（ES_j）根据时距应按下列公式计算： 相邻时距为 $STS_{i,j}$ 时，$ES_j=ES_i+STS_{i,j}$ 相邻时距为 $FTF_{i,j}$ 时，$ES_j=ES_i+D_i+FTF_{i,j}-D_j$ 相邻时距为 $STF_{i,j}$ 时，$ES_j=ES_i+STF_{i,j}-D_j$ 相邻时距为 $FTS_{i,j}$ 时，$ES_j=ES_i+D_i+FTS_{i,j}$ （3）当出现最早开始时间为负值时，应将该工作 j 与起点节点用虚箭线相连接，并确定其时距为 $STS_{起点节点,j}=0$。 （4）工作 j 的最早完成时间 EF_j 应按 $EF_j=ES_j+D_j$ 计算	**助记口诀** （1）时距为 STS、STF 时：**开始加时距，如遇完成减持续**。 （2）时距为 FTF、FTS 时：**完成加时距，如遇完成减持续**
时间间隔 $LAG_{i,j}$	$$LAG_{i,j}=\min\begin{bmatrix} ES_j-EF_i-FTS_{i,j} \\ ES_j-ES_i-STS_{i,j} \\ EF_j-EF_i-FTF_{i,j} \\ EF_j-ES_i-STF_{i,j} \end{bmatrix}$$	**助记口诀** （1）时距为 FTS、STS 时：**开始减时距，遇开减开，遇完减完**。 （2）时距为 FTF、STF 时：**完成减时距，遇开减开，遇完减完**。 （3）当相邻两项工作之间存在两种时距及以上搭接关系时，应分别计算出时间间隔，然后取其中的**最小值**
工作总时差	终点节点所代表工作 n 的总时差 $TF_n=T_p-EF_n$。其他工作 i 的总时差 $TF_i=\min\{TF_j+LAG_{i,j}\}$	
工作自由时差	终点节点所代表工作 n 的自由时差 $FF_n=T_p-EF_n$。其他工作 i 的总时差 $FF_i=\min\{LAG_{i,j}\}$	
最迟完成时间	终点节点所代表的工作以的最迟完成时间 LF_n，应按网络计划的计划工期 T_p 确定，即 $LF_n=T_p$。其他工作 i 的最迟完成时间 LF_i 应为： $$LF_i=EF_i+TF_i$$ 或 $$LF_i=\min\begin{bmatrix} LS_j-FTS_{i,j} \\ LS_j-STS_{i,j}+D_i \\ LF_j-FTF_{i,j} \\ LF_j-STF_{i,j}+D_i \end{bmatrix}$$	
最迟开始时间	工作 i 的最迟开始时间 LS_i 应按 $LS_i=LF_i-D_i$ 或 $LS_i=ES_i+TF_i$ 计算	

 该知识点是一个难理解的考点，考试题目难度较大，但考试频次较低。

【考点4】关键工作、关键线路和时差的确定（☆☆☆☆☆）

1. 关键工作的确定 [14年单选，22年多选]

正确说法
（1）总时差最小的工作是关键工作。
（2）当计划工期等于计算工期时，总时差为零的工作就是关键工作。
（3）最迟开始时间与最早开始时间相差最小的工作是关键工作。
（4）最迟完成时间与最早完成时间相差最小的工作是关键工作。
（5）关键线路上的工作均为关键工作

错误说法
（1）双代号时标网络计划中工作箭线上无波形线的工作是关键工作。
（2）双代号网络计划中两端节点均为关键节点的工作是关键工作。
（3）双代号网络计划中持续时间最长的工作是关键工作。
（4）单代号网络计划中与紧后工作之间时间为零的工作是关键工作。
（5）单代号搭接网络计划中时间间隔为零的工作是关键工作。
（6）单代号搭接网络计划中与紧后工作之间时距最小的工作是关键工作

图 1Z203030-3 关键工作的确定

主要的考试形式有：
（1）对关键工作的表述题目，可能单独命题，也会与关键线路相结合考核。
（2）已知网络计划图判断关键工作。
最后再来关注下当计算工期不能满足要求工期时，通过压缩关键工作的持续时间来满足工期要求。在选择缩短持续时间的关键工作时，宜考虑的因素一般会考核多项选择题。三个因素包括：
（1）缩短持续时间对质量和安全影响不大的工作。（2）有充足备用资源的工作。（3）缩短持续时间所需增加的费用最少的工作等。

2. 关键线路的确定 [14、15、16、18、20年单选，16、21、22年多选]

关键线路的确定　　　　　　　　　　　　　　　表 1Z203030-14

正确说法	错误说法
（1）线路上所有工作持续时间之和最长的线路是关键线路。 （2）双代号网络计划中，当 $T_p=T_c$ 时，自始至终由总时差为0的工作组成的线路是关键线路。 （3）双代号网络计划中，自始至终由关键工作组成的线路是关键线路。 （4）在时标网络计划中，相邻两项工作之间的时间间隔全部为零的线路就是关键线路。 （5）时标网络计划中无波形线的线路。 （6）关键线路可能有多条。 （7）关键线路上可能有虚工作存在。 （8）在单代号网络计划中，从起点节点到终点节点均为关键工作，且所有工作的时间间隔为零的线路为关键线路。 （9）在搭接网络计划中，从终点节点开始逆着箭线方向依次找出相邻两项工作之间时间间隔为零的线路为关键线路	（1）由总时差为零的工作组成的线路是关键线路。 （2）关键线路只有一条。 （3）关键线路一经确定不可转移。 （4）时标网络计划中，自始至终不出现虚线的线路是关键线路

主要的考试形式有两种：
（1）对关键线路的表述题目，可能单独命题，也会与关键工作相结合考核。
（2）已知网络计划图判断关键线路。

3. 时差的运用 [16、18年单选]

时差的运用　　　　　　　　　　　　　　　　表 1Z203030-15

拖延时间	是否影响后续工作	是否影响总工期	差值
>总时差	是	是	延误总工期的时间
<总时差	—	否	—
>自由时差	是	—	后续工作最早开始拖后的时间
<自由时差	否	否	—

 在《专业实务》科目中分析工期索赔问题时会涉及总时差的概念。历年考题中可能会考核通过总时差和自由时差的概念来解答的题目。

【考点5】进度计划调整的方法（☆☆☆☆）

1. 进度计划的检查

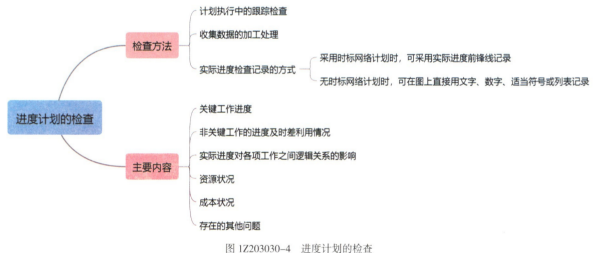

图 1Z203030-4　进度计划的检查

2. 实际进度前锋线比较 [21年单选，14、15、20年多选]

实际进度前锋线比较　　　　　　　　　　　表 1Z203030-16

直观反映	表明关系		预测影响	
实际进展位置点	实际进度	拖后或超前时间	对后续工作影响	对总工期影响
落在检查日左侧	拖后	检查时刻—位置点时刻	超过自由时差就影响，超几天就影响几天	超过总时差就影响，超几天就影响几天

续表

直观反映	表明关系		预测影响	
实际进展位置点	实际进度	拖后或超前时间	对后续工作影响	对总工期影响
与检查日重合	一致	0	不影响	不影响
落在检查日右侧	超前	位置点时刻—检查时刻	需结合其他工作分析	需结合其他工作分析

 这部分内容的考试题目难度较大，不仅需要掌握本考点，还需要根据掌握总时差和自由时差计算，由此来判断是否影响工期及后续工作。

3．网络计划调整的内容 [18年多选]

图 1Z203030-5　网络计划调整的内容

4．网络计划调整的方法 [15年单选]

网络计划调整的方法　　　　　　　　　表 1Z203030-17

项目	调整方法
调整关键线路	（1）当关键线路的实际进度比计划进度拖后时，应在尚未完成的关键工作中，选择资源强度小或费用低的工作缩短其持续时间，并重新计算未完成部分的时间参数，将其作为一个新计划实施。 （2）当关键线路的实际进度比计划进度提前时，若不拟提前工期，应选用资源占用量大或者直接费用高的后续关键工作，适当延长其持续时间，以降低其资源强度或费用；当确定要提前完成计划时，应将计划尚未完成的部分作为一个新计划，重新确定关键工作的持续时间，按新计划实施
非关键工作时差的调整	非关键工作时差的调整应在其时差的范围内进行，以便更充分地利用资源、降低成本或满足施工的需要。可采用以下几种调整方法： （1）将工作在其最早开始时间与最迟完成时间范围内移动； （2）延长工作的持续时间； （3）缩短工作的持续时间
增、减工作项目时的调整	（1）不打乱原网络计划总的逻辑关系，只对局部逻辑关系进行调整。 （2）在增减工作后应重新计算时间参数，分析对原网络计划的影响；当对工期有影响时，应采取调整措施，以保证计划工期不变
调整逻辑关系	逻辑关系的调整只有当实际情况要求改变施工方法或组织方法时才可进行。调整时应避免影响原定计划工期和其他工作的顺利进行
调整工作的持续时间	当发现某些工作的原持续时间估计有误或实现条件不充分时，应重新估算其持续时间，并重新计算时间参数，尽量使原计划工期不受影响
调整资源的投入	当资源供应发生异常时，应采用资源优化方法对计划进行调整，或采取应急措施，使其对工期的影响最小

 该知识点一般会以判断正确与错误说法的题目考核。

1Z203040 建设工程项目进度控制的措施

【考点1】进度控制的工作环节（☆☆☆）

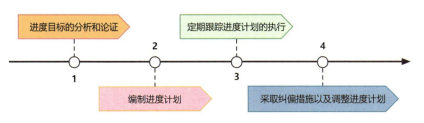

图1Z203040-1 进度控制的工作环节

该考点主要考核的题型有：
（1）判断几项工作的正确顺序。
（2）多项选择形式考核工作环节包括哪些。

【考点2】项目进度控制的措施（☆☆☆☆☆）
[13、14、15、16、17、18、19、20、21、22年单选，13、14、15、16、17、18、19、20、21、22年多选]

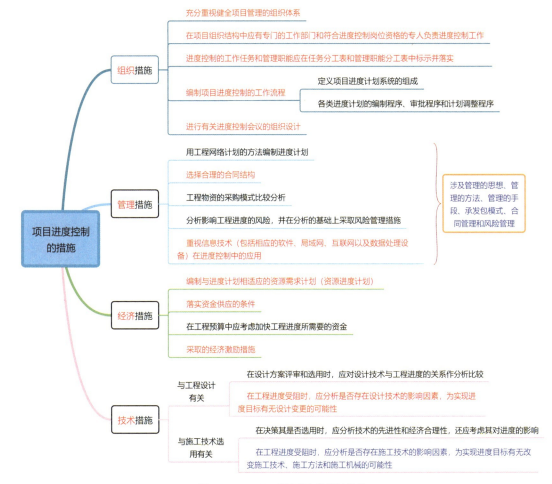

图1Z203040-2 项目进度控制的措施

（1）凡中心意思是"体系"或"流程"的，有关人员及职责分工的，都为组织措施。
（2）承发包模式、风险、手段的，都为管理措施。
（3）直接与"钱"有关，都为经济措施。
（4）含有技术性质的工作，为技术措施。

本考点是每年的必考考点，每年在此都会考核一到两道题目，可能会考查一道单选，一道多选。组织措施、管理措施、经济措施、技术措施的具体内容会相互作为干扰选项出现。考生需要牢记。

四个进度措施主要考核的题型有：

（1）在选项中给出某建设工程项目在实施过程中的具体进度控制工作，要求考生判断属于何种进度控制的措施。

（2）在题干中给出某建设工程项目在实施过程中的具体进度控制工作，要求考生判断属于何种进度控制的措施。比如："施工方进度控制措施中，采用工程网络计划实现进度控制科学化的措施属于（ ）。"

（3）关于建设工程项目进度控制措施表述的题目。比如："关于建设工程项目进度控制措施的说法，正确的有（ ）。"

建设工程项目进度控制在管理观念方面存在的主要问题也应熟悉，主要考核以下题型：

（1）缺乏某一观念的表现。

（2）建设工程项目进度控制在管理观念方面存在的主要问题有哪些。

1Z204000 建设工程项目质量控制

1Z204010 建设工程项目质量控制的内涵

【考点1】项目质量控制的目标、任务与责任（☆☆☆）

1. 对项目质量控制相关概念的理解 [14、20、22年单选，13年多选]

对项目质量控制相关概念的理解　　　　表 1Z204010-1

项目	含义	对定义的理解
质量	质量是一组固有特性满足要求的程度	质量不仅是指产品的质量，也包括产品生产活动或过程的工作质量，还包括质量管理体系运行的质量。 "固有的"特性是指本来就有的、永久的特性
工程项目质量	指通过项目实施形成的工程实体的质量，是反映建筑工程满足法律、法规的强制性要求和合同约定的要求	质量特性主要体现在适用性、安全性、耐久性、可靠性、经济性及与环境的协调性等六个方面
质量管理	在质量方面指挥和控制组织的协调的活动	质量管理就是建立和确定质量方针、质量目标，并在质量管理体系中通过质量策划、质量控制、质量保证和质量改进等手段来实施和实现全部质量管理职能的所有活动
工程项目质量管理	指在工程项目实施过程中，指挥和控制项目参与各方关于质量的相互协调的活动，是围绕着使工程项目满足质量要求，而开展的策划、组织、计划、实施、检查、监督和审核等所有管理活动的总和	
质量控制	质量控制是质量管理的一部分，是致力于满足质量要求的一系列相关活动	这些活动包括：设定目标；测量结果；评价分析；纠正偏差
工程项目质量控制	是在项目实施整个过程中，包括项目的勘察设计、招标采购、施工安装、竣工验收等各个阶段，项目参与各方致力于实现项目质量总目标的一系列活动	

区分六个概念，会直接考核含义，还会以判断正确与错误说法的形式考核。质量控制的相关活动会考核判断正确顺序的题目，还会以多项选择题形式考核包括的活动内容。

2．建设单位的质量责任和义务

- ◆将工程发包给具有相应资质等级的单位，并不得将建设工程肢解发包。
- ◆不得迫使承包方以低于成本的价格竞标，不得任意压缩合理工期；不得明示或者暗示设计单位或者施工单位违反工程建设强制性标准，降低建设工程质量。
- ◆实行监理的建设工程，建设单位应当委托具有相应资质等级的工程监理单位进行监理。
- ◆在领取施工许可证或者开工报告前，应当按照国家有关规定办理工程质量监督手续。
- ◆按照合同约定，由建设单位采购建筑材料、建筑构配件和设备的，建设单位应当保证建筑材料、建筑构配件和设备符合设计文件和合同要求。建设单位不得明示或者暗示施工单位使用不合格的建筑材料、建筑构配件和设备。
- ◆涉及建筑主体和承重结构变动的装修工程，建设单位应当在施工前委托原设计单位或者具有相应资质等级的设计单位提出设计方案；没有设计方案的，不得施工。房屋建筑使用者在装修过程中，不得擅自变动房屋建筑主体和承重结构。
- ◆建设单位组织设计、施工、工程监理等有关单位进行竣工验收。

 该知识点内容较多，但考核概率较小，重点掌握上述标记内容。

3．勘察、设计单位的质量责任和义务 [17年单选]

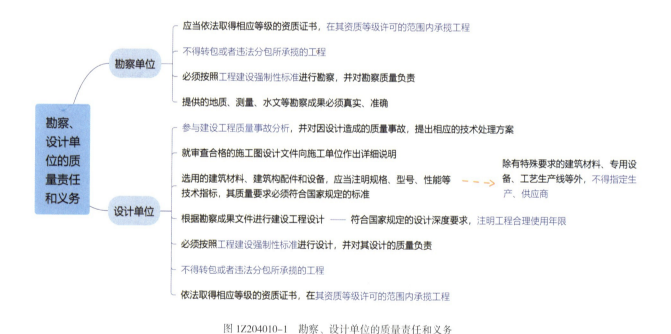

图 1Z204010-1　勘察、设计单位的质量责任和义务

4．施工单位的质量责任和义务

- ◆在资质等级许可的范围内承揽工程，并不得转包或者违法分包工程。
- ◆对建设工程的施工质量负责。

- ◆总承包单位依法将建设工程分包给其他单位的,分包单位应当按照分包合同的约定对其分包工程的质量向总承包单位负责,总承包单位与分包单位对分包工程的质量承担连带责任。
- ◆必须按照工程设计要求、施工技术标准和合同约定,对建筑材料、建筑构配件、设备和商品混凝土进行检验,检验应当有书面记录和专人签字;未经检验或者检验不合格的,不得使用。
- ◆必须建立、健全施工质量的检验制度,严格工序管理,做好隐蔽工程的质量检查和记录。隐蔽工程在隐蔽前,施工单位应当通知建设单位和建设工程质量监督机构。
- ◆施工人员对涉及结构安全的试块、试件以及有关材料,应当在建设单位或者工程监理单位监督下现场取样,并送具有相应资质等级的质量检测单位进行检测。
- ◆建立、健全教育培训制度。

5．监理单位的质量责任和义务

图1Z204010-2 监理单位的质量责任和义务

 区分并理解五方的责任与义务。

6．建筑工程五方责任主体项目负责人质量终身责任

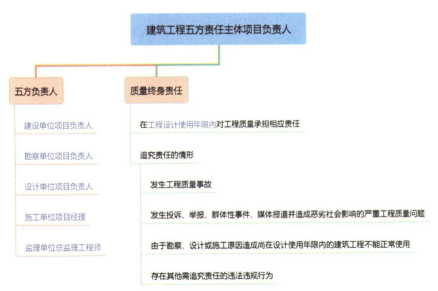

图1Z204010-3 建筑工程五方责任主体项目负责人质量终身责任

【考点2】项目质量的影响因素分析（☆☆☆）
[15、16、18、19、22年单选]

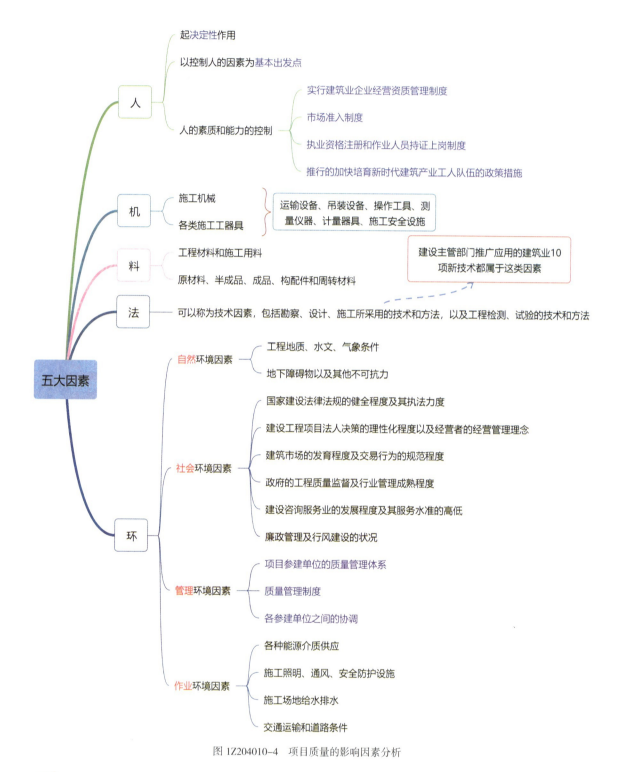

图 1Z204010-4 项目质量的影响因素分析

 首先会考核包括哪五大因素，另外要注意区分环境因素。

【考点3】项目质量风险分析与控制（☆☆☆☆☆）

1. 质量风险 [14、16、20年单选]

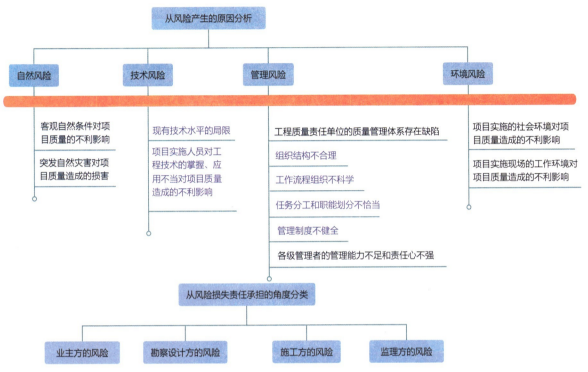

图 1Z204010-5　质量风险

 重点掌握技术风险与管理风险。主要的考核形式是：判断项目质量风险中，属于管理风险或技术风险的是（　　）。

2. 质量风险识别的方法 [16年单选]

图 1Z204010-6　质量风险识别的方法

 该知识点比较简单，熟悉识别的三个步骤。

3. 质量风险响应 [15、17、18、19、21年单选，15年多选]

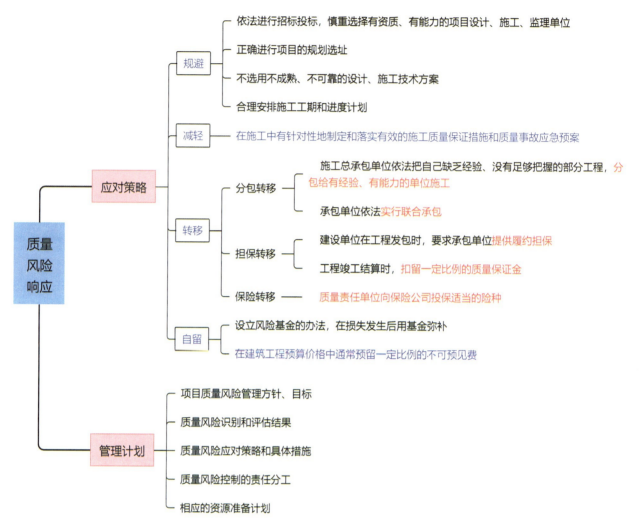

图1Z204010-7 质量风险响应

规避就是要避免，然而有些风险是避不开的，那就要减轻、转移或自留。考试主要考核题型是：

（1）题干中详细叙述采用的具体措施，判断属于哪类策略。比如：某施工总承包单位依法将自己没有足够把握实施的防水工程分包给有经验的分包单位，属于质量风险应对的（　　）策略。

（2）题干中给出某一策略，判断与之对应的备选项。比如：下列质量风险对策中，属"减轻"对策的是（　　）。

（3）以判断正确与错误说法的形式考核。比如：关于风险对策的说法，正确的有（　　）。

1Z204020 建设工程项目质量控制体系

【考点1】全面质量管理思想和方法的应用（☆☆☆）

1. 全面质量管理（TQC）的思想 [20年单选，16年多选]

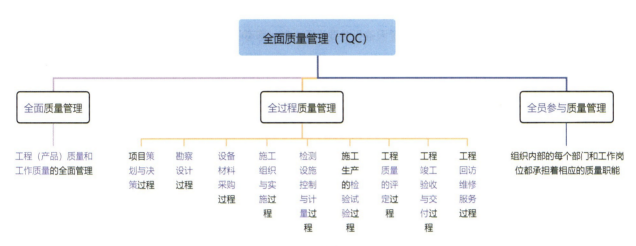

图 1Z204020-1　全面质量管理（TQC）的思想

2. 质量管理的 PDCA 循环 [13、19年单选，19、22年多选]

图 1Z204020-2　质量管理的 PDCA 循环

 PDCA 原理以质量计划为主线，以过程管理为重心。原理比较简单，学习时重在理解。

073

【考点2】项目质量控制体系的建立和运行（☆☆☆☆☆）

1. 项目质量控制体系与施工企业质量管理体系的比较 [14、18、20年单选]

项目质量控制体系与施工企业质量管理体系的比较　　　　表 1Z204020-1

不同	项目质量控制体系	施工企业质量管理体系
建立的目的	只用于特定的项目	用于施工企业
服务的范围	涉及项目实施过程所有的质量责任主体	独立的使用企业
控制的目的	项目的质量目标	施工企业的质量管理目标
作用的时效	一次性	永久性
评价的方式	项目管理的总组织者进行自我评价与诊断	第三方认证

　该知识点主要的考核形式关于项目质量控制体系说法的题目。

2. 项目质量控制体系的结构 [16年单选，15年多选]

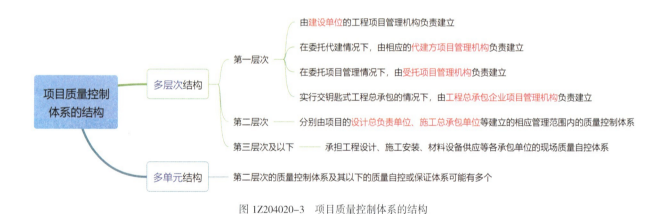

图 1Z204020-3　项目质量控制体系的结构

　区分多层次结构中每一层次是由谁建立。

3. 项目质量控制体系建立的原则

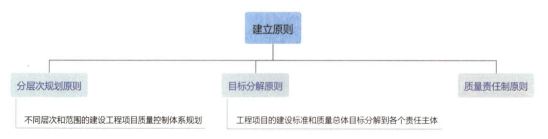

图 1Z204020-4　项目质量控制体系的建立原则

4. 项目质量控制体系的建立程序 [15、16、21、22 年单选]

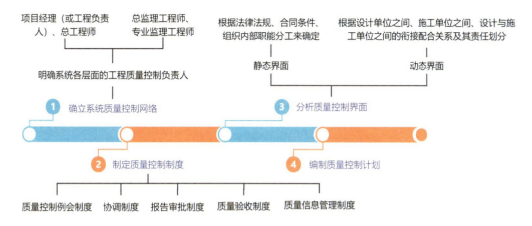

图 1Z204020-5 项目质量控制体系的建立程序

 该知识点主要考核的形式是判断项目质量管理体系建立的正确步骤。

5. 项目质量控制体系的运行 [15、17 年单选，13、21 年多选]

图 1Z204020-6 项目质量控制体系的运行

 运行环境一般会考核多项选择题，项目质量控制体系运行的核心机制会考核单项选择题。

【考点 3】施工企业质量管理体系的建立与认证（☆☆☆☆☆）

1. 质量管理 7 项原则 [18 年多选]

直击考点 主要考核多项选择题。

图 1Z204020-7 质量管理 7 项原则

2. 企业质量管理体系文件构成 [18、22年单选，14年多选]

图1Z204020-8 企业质量管理体系文件构成

 质量手册、程序性文件、质量计划的内容要熟悉，可能会考核多项选择题。

3. 企业质量管理体系内部审核程序的目的 [17年多选]

- ◆ 评价质量管理程序的执行情况及适用性。
- ◆ 揭露过程中存在的问题，为质量改进提供依据。
- ◆ 检查质量体系运行的信息。
- ◆ 向外部审核单位提供体系有效的证据。

4. 企业质量管理体系的认证与监督 [13、17、19、21年单选，20年多选]

企业质量管理体系的认证与监督　　　　　表1Z204020-2

项目		内容
认证程序		申请和受理→审核→审批与注册发证
认证机构		第三方认证机构
认证有效期		3年
维持与监督管理	企业通报	运行中出现较大变化时，需向认证机构通报
	监督检查	定期和不定期的监督检查。定期检查通常是每年一次，不定期检查视需要临时安排
	认证注销	企业的自愿行为

076

续表

项目		内容
维持与监督管理	认证暂停	认证机构对获证企业质量管理体系发生不符合认证要求情况时采取的警告措施
	认证撤销	企业不服可提出申诉。撤销认证的企业一年后可重新提出认证申请
	复评	认证合格有效期满前，如企业愿继续延长，可向认证机构提出复评申请
	重新换证	在认证证书有效期内，出现体系认证标准变更、体系认证范围变更、体系认证证书持有者变更，可按规定重新换证

 该知识点考核题目比较简单，认证程序可能会考核判断正确顺序的题目，认证机构、有效期都是单项选择题采分点。

1Z204030 建设工程项目施工质量控制

【考点1】施工质量控制的依据与基本环节（☆☆☆☆☆）

1. 施工质量的基本要求

施工质量的基本要求　　　　　　　　表 1Z204030-1

基本要求	内容
符合工程勘察、设计文件的要求	要符合勘察、设计对施工提出的要求。以图纸、文件的形式对施工提出要求，是针对每个工程项目的个性化要求。这个要求可以归结为"按图施工"
符合《建筑工程施工质量验收统一标准》和相关专业验收规范的规定	要符合国家法律、法规的要求。这个要求可以归结为"依法施工"
符合施工承包合同的要求	施工承包合同的约定具体体现了建设单位的要求和施工单位的承诺，全面反映对施工形成的工程实体在适用性、安全性、耐久性、可靠性、经济性和与环境的协调性等六个方面的质量要求。这个要求可以归结为"践约施工"

2. 施工质量控制的依据 [16年单选]

图 1Z204030-1　施工质量控制的依据

3. 施工质量控制的基本环节 [18、20、22年单选]

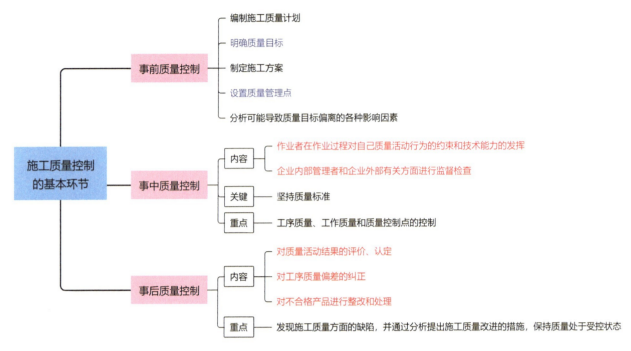

图 1Z204030-2 施工质量控制的基本环节

 区分事前质量控制、事中质量控制和事后质量控制的内容,考核时会相互作为干扰选项。

【考点2】施工质量计划的内容与编制方法（☆☆☆☆☆）

1. 施工质量计划的基本内容 [13年单选,16年多选]

◆工程特点及施工条件（合同条件、法规条件和现场条件等）分析。
◆质量总目标及其分解目标。
◆质量管理组织机构和职责,人员及资源配置计划。
◆确定施工工艺与操作方法的技术方案和施工组织方案。
◆施工材料、设备等物资的质量管理及控制措施。
◆施工质量检验、检测、试验工作的计划安排及其实施方法与检测标准。
◆施工质量控制点及其跟踪控制的方式与要求。
◆质量记录的要求等。

2. 施工质量控制点的设置 [18年单选，19年多选]

施工质量控制点的设置　　　　　　　　　　表 1Z204030-2

选择对象	重点控制对象
（1）技术要求高。 （2）施工难度大。 （3）对工程质量影响大。 （4）发生质量问题时危害大	（1）人的行为。 （2）材料的质量与性能。 （3）施工方法与关键操作。 （4）施工技术参数。 （5）技术间歇。 （6）施工顺序。 （7）易发生或常见的质量通病。 （8）新技术、新材料及新工艺的应用。 （9）产品质量不稳定和不合格率较高的工序应列为重点，认真分析，严格控制。 （10）特殊地基或特种结构

3. 质量控制点的管理 [14年单选，15、21年多选]

图 1Z204030-3　质量控制点的管理

【考点3】施工生产要素的质量控制（☆☆☆）

1. 施工人员的质量控制

◆施工企业必须坚持执业资格注册制度和作业人员持证上岗制度。
◆对所选派的施工项目领导者、组织者进行教育和培训。
◆对所属施工队伍进行全员培训。
◆对分包单位进行严格的资质考核和施工人员的资格考核。

2. 施工机械的质量控制 [20年多选]

施工机械的质量控制　　　　　　表1Z204030-3

项目	内容
所用的机械设备	从设备选型、主要性能参数及使用操作要求等方面加以控制，符合安全、适用、经济、可靠和节能、环保等方面的要求
使用的模具、脚手架等施工设备	一般需按设计及施工要求进行专项设计，对其设计方案及制作质量的控制及验收应作为重点进行控制
混凝土预制构件吊运	应根据构件的形状、尺寸、重量和作业半径等要求选择吊具和起重设备，预制柱的吊点数量、位置应经计算确定，吊索水平夹角不宜小于60°，不应小于45°
危险性较大的现场安装的起重机械设备	不仅要对其设计安装方案进行审批，而且安装完毕交付使用前必须经专业管理部门的验收，合格后方可使用。同时，在使用过程中尚需落实相应的管理制度，以确保其安全正常使用

3. 材料设备的质量控制 [19年单选]

◆控制材料设备的性能、标准、技术参数与设计文件的相符性。
◆控制材料、设备各项技术性能指标、检验测试指标与标准规范要求的相符性。
◆控制材料、设备进场验收程序的正确性及质量文件资料的完备性。
◆优先采用节能低碳的新型建筑材料和设备，禁止使用国家明令禁用或淘汰的建筑材料和设备等。

4. 工艺技术方案的质量控制 [16、22年单选]

◆深入正确地分析工程特征、技术关键及环境条件等资料，明确质量目标、验收标准、控制的重点和难点。
◆制定合理有效的有针对性的施工技术方案和组织方案，前者包括施工工艺、施工方法，后者包括施工区段划分、施工流向及劳动组织等。
◆合理选用施工机械设备和设置施工临时设施，合理布置施工总平面图和各阶段施工平面图。
◆根据施工工艺技术方案选用和设计保证质量和安全的模具、脚手架等施工设备；成批生产的混凝土预制构件模具应具有足够的强度、刚度和整体稳固性。
◆编制工程所采用的新材料、新技术、新工艺的专项技术方案和质量管理方案。
◆针对工程具体情况，分析气象、地质等环境因素对施工的影响，制定应对措施。

5. 施工环境因素的控制 [20年单选]

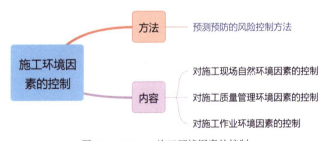

图1Z204030-4　施工环境因素的控制

 区分各生产要素的质量控制内容。综合考核施工生产要素的质量控制内容。

【考点4】施工准备的质量控制（☆☆☆☆☆）

1. 施工技术准备工作的质量控制 [13、15年单选]

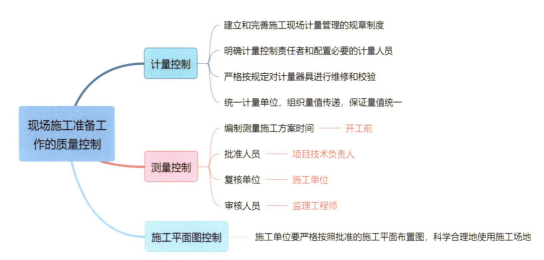

图 1Z204030-5　施工技术准备工作的质量控制

2. 现场施工准备工作的质量控制 [17、21年单选]

图 1Z204030-6　现场施工准备工作的质量控制

 重点掌握测量控制的相关内容，主要考核单项选择题。

3. 工程质量检查验收的项目划分 [17年多选]

图 1Z204030-7　工程质量检查验收的项目划分

081

【考点5】施工过程的质量控制（☆☆☆☆）

1. 工序施工质量控制

工序施工质量控制　　　　　　表1Z204030-4

项目		内容
工序施工条件控制	内容	控制工序活动的各种投入要素质量和环境条件质量
	手段	检查、测试、试验、跟踪监督
	依据	设计质量标准、材料质量标准、机械设备技术性能标准、施工工艺标准以及操作规程
工序施工效果控制	内容	控制工序产品的质量特征和特性指标能否达到设计质量标准以及施工质量验收标准的要求，属于事后质量控制
	途径	实测获取数据、统计分析所获取的数据、判断认定质量等级和纠正质量偏差

2. 施工作业质量的自控 [17年单选，22年多选]

图1Z204030-8　施工作业质量的自控

3. 施工作业质量的监控主体 [14年多选]

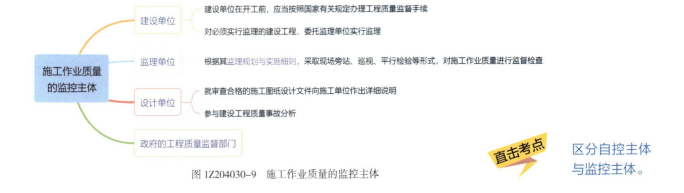

图1Z204030-9　施工作业质量的监控主体

区分自控主体与监控主体。

4. 现场质量检查 [13、14、21年单选，13年多选]

（1）现场质量检查内容

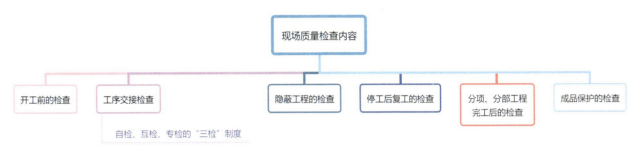

图1Z204030-10 现场质量检查内容

（2）现场质量检查方法

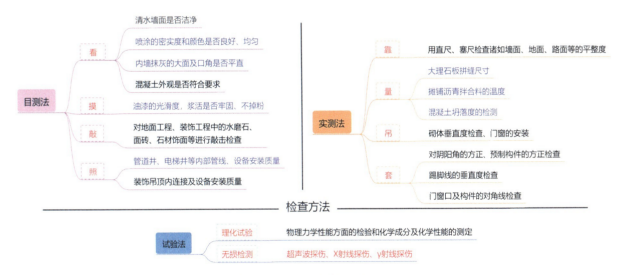

图1Z204030-11 现场质量检查方法

该知识点在考核时主要有两种形式：
（1）判断备选项中质量检查，可通过哪一手段进行检查。比如：下列质量检查内容中，可通过目测法中"照"的手段检查的是（　　）。
（2）判断题干中具体的质量检查内容，属于哪个方法。比如：对装饰工程中的水磨石、面砖、石材饰面等现场检查时，均应进行敲击检查其铺贴质量。该方法属于现场质量检查方法中的（　　）。

【考点6】施工质量与设计质量的协调（☆☆☆）[18年多选]

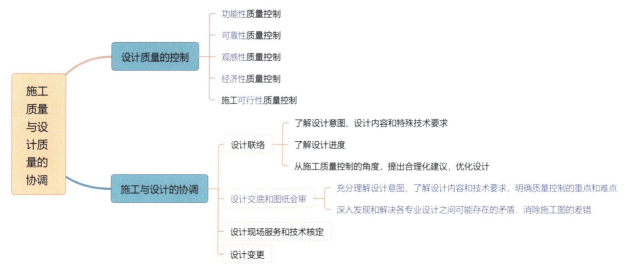

图 1Z204030-12　施工质量与设计质量的协调

1Z204040 建设工程项目施工质量验收

【考点1】施工过程的质量验收（☆☆☆☆☆☆）

1. 施工过程质量验收的内容 [14、15、17、19、21、22年单选，16、17、22年多选]

施工过程质量验收的内容　　表 1Z204040-1

项目	组织	参与人	合格规定	
检验批	专业监理工程师	施工单位项目专业质量检查员、专业工长	（1）主控项目的质量经抽样检验均应合格。 （2）一般项目的质量经抽样检验合格。 （3）具有完整的施工操作依据、质量检查记录	（1）最小单位。 （2）主控项目是对检验批的基本质量起决定性影响的检验项目，必须全部符合有关专业工程验收规范的规定
分项工程		施工单位项目专业技术负责人	（1）所含检验批的质量均应验收合格。 （2）所含检验批的质量验收记录应完整	
分部工程	总监理工程师	施工单位项目负责人和项目技术负责人	（1）所含分项工程的质量均应验收合格。 （2）质量控制资料应完整。 （3）有关安全、节能、环境保护和主要使用功能的检验结果应符合相应规定。 （4）观感质量应符合要求	

检验批、分项工程、分部工程验收的组织者一般会考核单项选择题，合格规定一般会考核多项选择题。

关于分部工程质量验收还要注意：勘察、设计单位项目负责人和施工单位技术、质量部门负责人应参加地基与基础分部工程验收；设计单位项目负责人和施工单位技术、质量部门负责人应参加主体结构、节能分部工程验收。

2. 施工过程质量验收不合格的处理 [13、14、15 年单选]

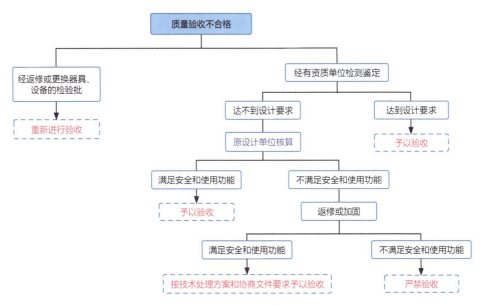

图 1Z204040-1 施工过程质量验收不合格的处理

 该知识点考核的主要形式是：
（1）判断对某种质量不合格的处理，应采用的验收方式。
（2）判断正确与错误说法的综合题目。

3. 装配式混凝土建筑的施工质量验收 [18、19、20 年单选，18、20、21 年多选]

◆预制构件进场时应检查质量证明文件或质量验收记录。
◆梁板类简支受弯预制构件进场时应进行结构性能检验。
◆钢筋混凝土构件和允许出现裂缝的预应力混凝土构件应进行承载力、挠度和裂缝宽度检验；不允许出现裂缝的预应力混凝土构件应进行承载力、挠度和抗裂检验。
◆对于不可单独使用的叠合板预制底板，可不进行结构性能检验。
◆不做结构性能检验的预制构件，施工单位或监理单位代表应驻厂监督生产过程。当无驻厂监督时，预制构件进场时应对其主要受力钢筋数量、规格、间距、保护层厚度及混凝土强度等进行实体检验。检验数量：同一类型预制构件不超过 1000 个为一批，每批随机抽取 1 个构件进行结构性能检验。
◆预制构件的混凝土外观质量不应有严重缺陷，且不应有影响结构性能和安装、使用功能的尺寸偏差。
◆预制构件粗糙面的外观质量、键槽的外观质量和数量、预制构件上的预埋件、预留插筋、预留孔洞、预埋管线等规格型号、数量应符合设计要求。

085

【考点2】竣工质量验收（☆☆☆☆☆）

1. 竣工质量验收的条件 [13、14年多选]

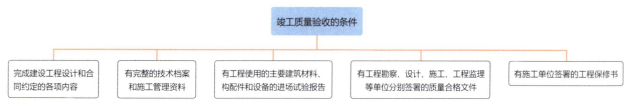

图1Z204040-2 竣工质量验收的条件

2. 竣工质量验收的标准 [17年单选]

竣工质量验收的标准　　　　　　　　　　　　表1Z204040-2

项目	内容
单位工程质量验收合格规定	（1）所含分部工程的质量均应验收合格。 （2）质量控制资料应完整。 （3）所含分部工程有关安全、节能、环境保护和主要使用功能的检验资料应完整。 （4）主要使用功能的抽查结果应符合相关专业质量验收规范的规定。 （5）观感质量应符合要求
住宅工程质量分户验收	（1）对每户住宅及相关公共部位的观感质量和使用功能等进行检查验收。 （2）每户住宅和规定的公共部位验收完毕，应填写《住宅工程质量分户验收表》，建设单位和施工单位项目负责人、监理单位项目总监理工程师要分别签字。 （3）分户验收不合格，不能进行住宅工程整体竣工验收

3. 住宅工程质量分户验收的内容 [19年多选]

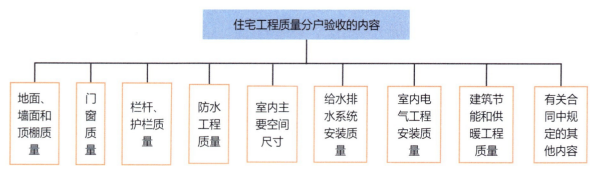

图1Z204040-3 住宅工程质量分户验收的内容

4. 竣工质量验收程序 [13、16、18、21 年单选，15 年多选]

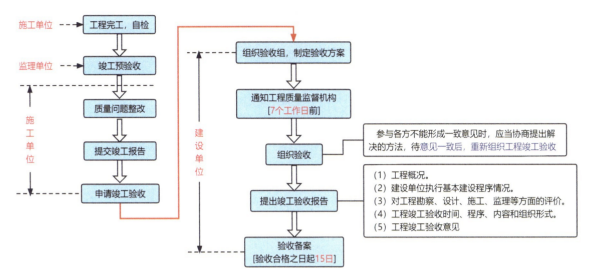

图 1Z204040-4　竣工质量验收程序

 掌握两个时间点，会是单项选择题采分点；竣工验收由谁组织也会是单项选择题。

1Z204050 施工质量不合格的处理

【考点1】工程质量质量问题和质量事故的分类（☆☆☆☆）

1．工程质量不合格 [17 年单选]

工程质量不合格　　　　　　　　　　　　　　　　　　　　　　表 1Z204050-1

项目	含义
质量不合格	工程产品未满足质量要求
质量缺陷	与预期或规定用途有关的质量不合格
质量问题与质量事故	凡是工程质量不合格，影响使用功能或工程结构安全，造成永久质量缺陷或存在重大质量隐患，甚至直接导致工程倒塌或人身伤亡，必须进行返修、加固或报废处理，按照由此造成人员伤亡和直接经济损失的大小区分，小于规定限额的为质量问题，在限额以上的为质量事故

 区分概念，主要考核概念题。

2. 工程质量事故按造成损失的程度分级 [16、19、22年单选]

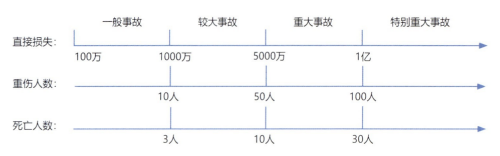

图 1Z204050-1 工程质量事故按造成损失的程度分级

每一事故等级所对应的 3 个条件是独立成立的,只要符合其中一条就可以判定,最后选择等级最高(遵循从重原则)的作为正确答案。

注意等级标准中所称的以上包括本数,所称的以下不包括本数。

可以和"生产安全事故分类"联合到一起记忆,但需要注意有两个不同:①工程质量事故的直接经济损失有下限值 100 万元,低于 100 万元的是质量问题;②生产安全事故分类的重伤人数包括急性工业中毒。

3. 工程质量事故按事故责任分类 [15、21年单选,14年多选]

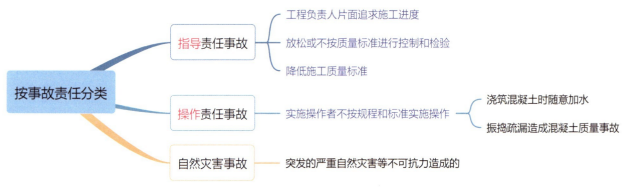

图 1Z204050-2 工程质量事故按事故责任分类

该知识点主要的考核形式是:

(1)考核按事故责任分类的事故有哪些。

(2)判断题干中所造成的事故属于按照事故责任分类中的哪一类。

【考点 2】施工质量事故的预防（☆☆☆☆）

1. 施工质量事故发生的原因 [13、14 年单选，17、19、20、21、22 年多选]

图 1Z204050-3　施工质量事故发生的原因

 该知识点经常会考核多项选择题。主要的考核形式是：

（1）判断备选项中的质量发生原因，属于技术原因、管理原因还是社会、经济原因。比如：下列施工质量事故发生原因中，属于技术原因的有（　　）。

（2）上述类型题目的逆向命题，判断题干中的事故是什么原因导致的。比如：某工程施工中，由于施工方在低价中标后偷工减料，导致出现重大工程质量事故，该质量事故发生的原因属于（　　）。管理原因引发的质量事故与社会、经济原因引发的质量事故是易混淆点，注意区分。

2. 施工质量事故预防的具体措施 [20 年单选，15 年多选]

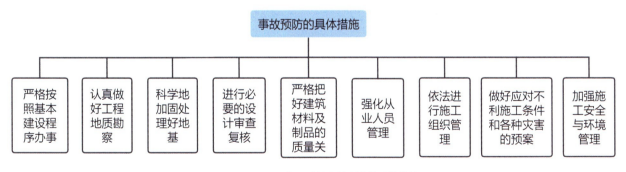

图 1Z204050-4　施工质量事故预防的具体措施

【考点3】施工质量问题和质量事故的处理（☆☆☆☆☆）

1. 施工质量事故处理的一般程序 [14、16、17、18、20、21、22年单选，13年多选]

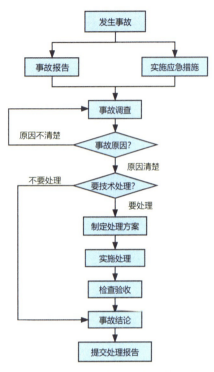

图1Z204050-5 施工质量事故处理的一般程序

该知识点可考内容较多，主要考核形式有：
（1）判断施工质量事故处理的正确程序。
（2）判断施工质量事故处理程序的第一步或最后一步，或某一步骤前或后应进行的工作。
（3）对事故处理程序细节内容的考核。

以下知识点需要重点掌握：
（1）发生事故后，有关单位→24h内向当地建设行政主管部门和其他有关部门报告。
（2）对于重大事故，事故发生地建设行政主管部门和其他有关部门应当按照事故类别和等级向当地人民政府和上级建设政主管部门和其他有关部门报告。
（3）对事故实施处理包括两方面内容：事故的技术处理和事故的责任处罚。
（4）未造成人员伤亡的一般事故由谁调查会考核单项选择题——县级人民政府可以委托事故发生单位组织事故调查组进行调查。
（5）质量事故调查和处理程序经常考查排序题目，可以这样记：调查原因、制定方案、处理验收、结论报告。

2. 事故报告、事故调查报告、事故处理报告的内容 [16年多选]

事故报告
（1）事故发生的时间、地点、工程项目名称、工程各参建单位名称。
（2）事故发生的简要经过、伤亡人数和初步估计的直接经济损失。
（3）事故原因的初步判断。
（4）事故发生后采取的措施及事故控制情况。
（5）事故报告单位、联系人及联系方式。
（6）其他应当报告的情况

事故调查报告
（1）事故项目及各参建单位概况。
（2）事故发生经过和事故救援情况。
（3）事故造成的人员伤亡和直接经济损失。
（4）事故项目有关质量检测报告和技术分析报告。
（5）事故发生的原因和事故性质。
（6）事故责任的认定和事故责任者的处理建议。
（7）事故防范和整改措施

事故处理报告
（1）事故调查的原始资料、测试的数据。
（2）事故原因分析和论证结果。
（3）事故处理的依据。
（4）事故处理的技术方案及措施。
（5）实施技术处理过程中有关的数据、记录、资料。
（6）检查验收记录。
（7）对事故相关责任者的处罚情况和事故处理的结论

图1Z204050-6 事故报告、事故调查报告、事故处理报告的内容

区分三类报告内容，进行对比记忆。

3. 质量事故处理的基本要求 [18年多选]

- ◆ 质量事故的处理应达到安全可靠、不留隐患、满足生产和使用要求、施工方便、经济合理的目的。
- ◆ 消除造成事故的原因，注意综合治理，防止事故再次发生。
- ◆ 正确确定技术处理的范围和正确选择处理的时间和方法。
- ◆ 切实做好事故处理的检查验收工作，认真落实防范措施。
- ◆ 确保事故处理期间的安全。

4. 施工质量缺陷处理的方法 [13、15、16、18、19年单选]

施工质量缺陷处理的方法　　　　　　　　　表 1Z204050-2

方法	适用	举例
返修处理	当项目的某些部分的质量虽未达到规范、标准或设计规定的要求，存在一定的缺陷，但经过返修后可以达到要求的质量标准，又不影响使用功能或外观的要求时采用	（1）某些混凝土结构表面出现蜂窝、麻面，经调查分析，该部位经返修处理后，不会影响其使用及外观。 （2）结构受撞击、局部未振实、冻害、火灾、酸类腐蚀、碱集料反应等，当这些损伤仅仅在结构的表面或局部，不影响其使用和外观。 （3）对混凝土结构出现的裂缝，经分析研究后如果不影响结构的安全和使用
加固处理	针对危及承载力的质量缺陷的处理	—
返工处理	当工程质量缺陷经过返修、加固处理后仍不能满足规定的质量标准要求，或不具备补救可能性时采用	（1）某防洪堤坝填筑压实后，其压实土的干密度未达到规定值，经核算将影响土体的稳定且不满足抗渗能力的要求，须挖除不合格土，重新填筑，进行返工处理。 （2）某公路桥梁工程预应力按规定张拉系数为1.3，而实际仅为0.8，属严重的质量缺陷，也无法返修，只能返工处理。 （3）某工厂设备基础的混凝土浇筑时掺入木质素磺酸钙减水剂，因施工管理不善，掺量多于规定7倍，导致混凝土坍落度大于180mm，石子下沉，混凝土结构不均匀。浇筑后5d仍然不凝固硬化，28d的混凝土实际强度不到规定强度的32%不得不返工重浇
限制使用	按返修方法处理后无法保证达到规定的使用要求和安全要求，而又无法返工处理的情况下采用	—
不作处理	（1）不影响结构安全、生产工艺和使用要求的质量缺陷	某些部位的混凝土表面的裂缝，经检查分析，属于表面养护不够的干缩微裂，不影响使用和外观
	（2）后道工序可以弥补的质量缺陷	（1）混凝土结构表面的轻微麻面，可通过后续的抹灰、刮涂、喷涂等弥补。 （2）混凝土现浇楼面的平整度偏差达到10mm，但由于后续垫层和面层的施工可以弥补
	（3）法定检测单位鉴定合格的工程	某检验批混凝土试块强度值不满足规范要求，强度不足，但经法定检测单位对混凝土实体强度进行实际检测后，其实际强度达到规范允许和设计要求值

续表

方法	适用	举例
不作处理	（4）出现质量缺陷的工程，经检测鉴定达不到设计要求，但经原设计单位核算，仍能满足结构安全和使用功能的	某一结构构件截面尺寸不足，或材料强度不足，影响结构承载力，但按实际情况进行复核验算后仍能满足设计要求的承载力时，可不进行专门处理
报废处理	上述处理方法后仍不能满足规定的质量要求或标准，则必须予以报废处理	—

 重点掌握不作处理的四种情况。该知识点主要的考核形式是具体实例判断采用的方法。

1Z204060 数理统计方法在工程质量管理中的应用

【考点1】工程质量统计分析方法的用途（☆☆☆☆☆）
[13、16、17、18、20年单选，15、18、19、21、22年多选]

工程质量统计分析方法的用途　　　　表1Z204060-1

统计方法	用途
分层法	对工程质量状况的调查和质量问题的分析，必须分门别类地进行，以便准确有效地找出问题及其原因之所在
因果分析图法	逐层深入排查可能原因，然后确定其中最主要原因
排列图法	通过抽样检查或检验试验所得到的关于质量问题、偏差、缺陷、不合格等方面的统计数据，以及造成质量问题的原因分析统计数据，均可采用排列图方法进行状况描述。 通常按累计频率划分为三部分。A类（0%～80%）：主要问题，进行重点管理；B类（80%～90%）：次要问题，次重点管理；C类（90%～100%）：一般问题，适当加强管理
直方图法	（1）整理统计数据，了解统计数据的分布特征，即数据分布的集中或离散状况，从中掌握质量能力状态。 （2）观察分析生产过程质量是否处于正常、稳定和受控状态以及质量水平是否保持在公差允许的范围内

 分析原因论因果，鱼刺指出众因素。
分清主次靠排列；先排序来再累加，累计八成为主因，八九之间为次因，最后一成为一般。

 常考的用途及相互间容易混淆的统计方法是因果分析图和直方图。考试主要的考核方式：直接考核某一统计方法的用途。比如：施工现场质量管理中，直方图法的主要用途有（　　）。

【考点2】分层法的实际应用（☆☆☆）

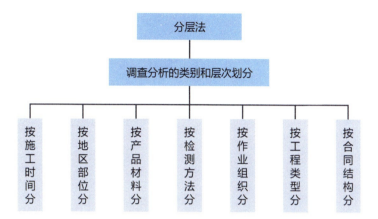

图 1Z204060-1　分层法的实际应用

 该考点如果考核会考核按哪些方法进行分层。

【考点3】因果分析图法应用时的注意事项（☆☆☆）
　　　　　　[15、22年单选，13年多选]

1. 一个质量特性或一个质量问题使用一张图分析
2. 通常采用QC小组活动的方式进行，集思广益，共同分析
3. 必要时可以邀请小组以外的有关人员参与，广泛听取意见
4. 分析时要充分发表意见，层层深入，排出所有可能的原因
5. 在充分分析的基础上，由各参与人员采用投票或其他方式，从中选择1～5项多数人达成共识的最主要原因

图 1Z204060-2　因果分析图法的应用时的注意事项

 该考点主要的考核方式是：以判断正确与错误说法的形式。

【考点4】直方图法的观察分析（☆☆☆☆☆）

1. 通过分布形状观察分析 [13、14年单选，20年多选]

◆ 直方图的分布形状及分布区间宽窄是由质量特性统计数据的平均值和标准偏差所决定的。
◆ 正常直方图呈正态分布，其形状特征是中间高、两边低、成对称。
◆ 异常直方图呈偏态分布，常见的异常直方图有折齿型、缓坡型、孤岛型、双峰型、峭壁型。

2. 通过分布位置观察分析 [14、19、21年单选，16年多选]

通过分布位置观察分析　　　　　　　　　　表 1Z204060-2

图示	观察与分析	图示	观察与分析
	生产过程的质量正常、稳定和受控，还必须在公差标准上、下界限范围内达到质量合格的要求		质量特性数据的分布居中且边界与质量标准的上下界限有较大的距离，说明其质量能力偏大，不经济
	质量特性数据分布偏下限，易出现不合格，在管理上必须提高总体能力		数据分布均已出现超出质量标准的上下界限，这些数据说明生产过程存在质量不合格，需要分析原因，采取措施进行纠偏
	质量特性数据的分布宽度边界达到质量标准的上下界限，其质量能力处于临界状态，易出现不合格，必须分析原因，采取措施		

1Z204070 建设工程项目质量的政府监督

【考点1】政府对工程项目质量监督的职能与权限（☆☆☆）

1. 政府监督管理部门职责的划分 [17年单选]

◆国务院建设行政主管部门对全国的建设工程质量实施统一监督管理。
◆国务院铁路、交通、水利等有关部门负责对全国有关专业建设工程质量的监督管理。
◆国务院发展计划部门按照国务院规定的职责，组织稽察特派员，对国家出资的重大建设项目实施监督检查。
◆国务院经济贸易主管部门按照国务院规定的职责，对国家重大技术改造项目实施监督检查。

2. 政府质量监督管理的性质与权限 [18、21年单选]

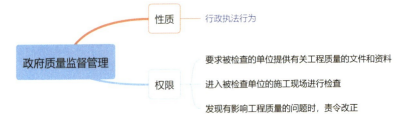

图 1Z204070-1　政府质量监督管理的性质与权限

3. 工程实体质量监督与工程质量行为监督的概念 [19、20年单选]

工程实体质量监督与工程质量行为监督的概念　　　　　表 1Z204070-1

项目	概念
工程实体质量监督	主管部门对涉及工程主体结构安全、主要使用功能的工程实体质量情况实施监督
工程质量行为监督	主管部门对工程质量责任主体和质量检测等单位履行法定质量责任和义务的情况实施监督

【考点2】政府对工程项目质量监督的内容与实施（☆☆☆）

1. 质量监督的内容

◆执行法律法规和工程建设强制性标准的情况。
◆抽查涉及工程主体结构安全和主要使用功能的工程实体质量。
◆抽查工程质量责任主体和质量检测等单位的工程质量行为。
◆抽查主要建筑材料、建筑构配件的质量。
◆对工程竣工验收进行监督。
◆组织或者参与工程质量事故的调查处理。
◆定期对本地区工程质量状况进行统计分析。
◆依法对违法违规行为实施处罚。

该知识点如果考核会有两种形式：
（1）多项选择题形式考核质量监督的内容。
（2）判断正确与错误说法的综合题目。

2. 质量监督的实施程序 [14、15、16、21、22年单选]

质量监督的实施程序　　　　　表 1Z204070-2

实施程序	问题	采分点
受理质量监督手续	工程质量监督申报手续申报是什么时间？	工程项目开工前
	工程质量监督申报手续由谁申报？	建设单位
	建设工程质量监督申报手续，审查合格后应签发什么文件？	质量监督文件
制定工作计划并组织实施	质量监督工作计划内容包括哪些？	（1）质量监督依据的法律、法规、规范、标准。 （2）在项目施工的各个阶段，质量监督的内容、范围和重点。 （3）实施质量监督的具体方法和步骤。 （4）定期或不定期进入施工现场进行监督检查的时间计划安排。 （5）质量监督记录用表式。 （6）监督人员及需用资源安排

续表

实施程序	问题	采分点
对工程实体质量和工程质量责任主体等质量行为的抽查、抽测	政府质量监督机构对工程实体质量和责任主体的质量行为采取"双随机、一公开"的检查方式和"互联网+监管"模式，其中"双随机、一公开"是指什么？	双随机是指随机抽取检查对象，随机选派监督检查人员。 一公开是指公开检查情况和查处结果
	对工程项目建设中的结构主要部位怎样检查？	除进行常规检查外，监督机构还应在分部工程验收时进行监督
	对工程质量责任主体和质量检测等单位的质量行为进行检查的内容包括哪些？	（1）参与工程项目建设各方的质量保证体系建立和运行情况。 （2）企业的工程经营资质证书和相关人员的资格证书。 （3）按建设程序规定的开工前必须办理的各项建设行政手续是否齐全完备。 （4）施工组织设计、监理规划等文件及其审批手续和实际执行情况。 （5）执行相关法律法规和工程建设强制性标准的情况。 （6）工程质量检查记录
监督工程竣工验收	监督机构对工程竣工验收工作进行监督的内容包括哪些？	（1）竣工验收前，针对质量问题的整改情况进行复查。 （2）竣工验收时，参加竣工验收的会议，对验收的组织形式、程序等进行监督
形成工程质量监督报告	工程质量监督报告的基本内容包括哪些？	工程项目概况；项目参建各方的质量行为检查情况；工程项目实体质量抽查情况；历次质量监督检查中提出质量问题的整改情况；工程竣工质量验收情况；项目质量评价（包括建筑节能和环保评价）；对存在的质量缺陷的处理意见
建立工程质量监督档案	监督档案按什么建立？	单位工程
	由谁签字后归档？	经监督机构负责人签字后归档

 质量监督的实施程序中采分点较多，每一句话都可能是一个采分点。

1Z205000 建设工程职业健康安全与环境管理

1Z205010 职业健康安全管理体系与环境管理体系

【考点1】职业健康安全管理体系和环境管理体系标准（☆☆☆）

1. 职业健康安全管理体系的结构 [21年单选]

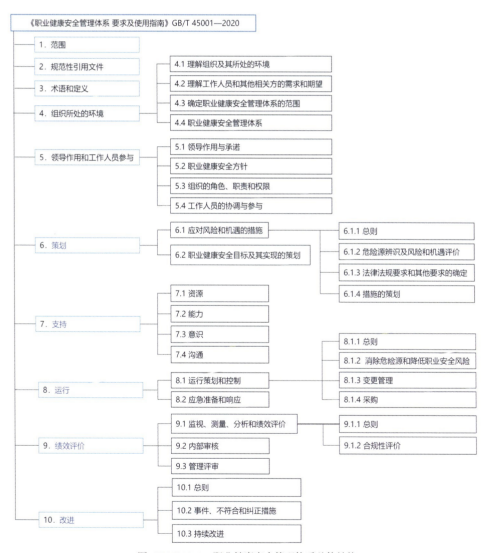

图 1Z205010-1　职业健康安全管理体系总体结构

2．环境管理体系的结构

图 1Z205010-2　环境管理体系的结构

【考点2】职业健康安全与环境管理的特点和要求（☆☆☆）

1. 建设工程职业健康安全与环境管理的特点

图 1Z205010-3　建设工程职业健康安全与环境管理的特点

2. 建设工程职业健康安全与环境管理的要求 [17年单选，13年多选]

建设工程职业健康安全与环境管理的要求　　　　表 1Z205010-1

阶段	要求
决策阶段	建设单位应办理各种有关安全与环境保护方面的审批手续
设计阶段	（1）设计单位应进行环境保护设施和安全设施的设计。 （2）设计单位应当考虑施工安全和防护需要，对涉及施工安全的重点部分和环节在设计文件中应进行注明，并对防范生产安全事故提出指导意见。 （3）对于采用新结构、新材料、新工艺的建设工程和特殊结构的建设工程，设计单位应在设计中提出保障施工作业人员安全和预防生产安全事故的措施建议
施工阶段	（1）建设单位应当自开工报告批准之日起15日内，将保证安全施工的措施报送至建设工程所在地的县级以上人民政府建设行政主管部门或者其他有关部门备案。 （2）施工企业在其经营生产的活动中必须对本企业的安全生产负全面责任。企业的代表人是安全生产的第一负责人，项目负责人是施工项目生产的主要负责人。 （3）建设工程实行总承包的，由总承包单位对施工现场的安全生产负总责并自行完成工程主体结构的施工。分包单位应当接受总承包单位的安全生产管理，分包合同中应当明确各自的安全生产方面的权利、义务。分包单位不服从管理导致生产安全事故的，由分包单位承担主要责任，总承包单位对分包工程的安全生产承担连带责任
试运行阶段	（1）环保行政主管部门应在收到申请环保设施竣工验收之日起30日内完成验收。 （2）对于需要试生产的建设工程项目，建设单位应当在项目投入试生产之日起3个月内向环保行政主管部门申请对其项目配套的环保设施进行竣工验收

区分各阶段的管理要求，主要考核两种形式：
（1）判断某一阶段的管理任务是什么。
（2）以正确与错误说法的形式考核各阶段的管理要求。

【考点3】职业健康安全管理体系与环境管理体系的建立和运行（☆☆☆）

1. 职业健康安全管理体系与环境管理体系的建立 [22年单选]

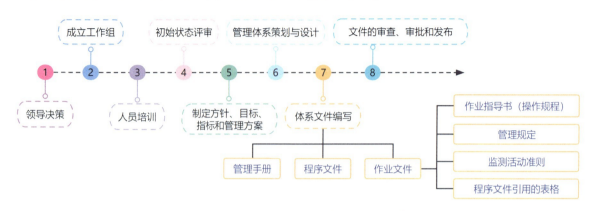

图 1Z205010-4　职业健康安全管理体系与环境管理体系的建立

 易与质量管理系文件构成混淆，注意区分。

2. 职业健康安全管理体系与环境管理体系的运行 [13、15、20、22年单选]

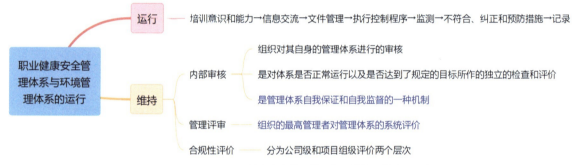

图 1Z205010-5　职业健康安全管理体系与环境管理体系的运行

1Z205020 建设工程安全生产管理

【考点1】安全生产管理制度（☆☆☆☆☆）

1. 安全生产责任制度 [15、16年单选]

◆是最基本的安全管理制度，是所有安全生产管理制度的核心。
◆生产经营单位主要负责人是本单位安全生产第一责任人。
◆实行总承包的由总承包单位负责，分包单位向总包单位负责，服从总包单位对施工现场的安全管理，分包单位在其分包范围内建立施工现场安全生产管理制度，并组织实施。
◆工程项目部专职安全人员的配备应按住房和城乡建设部的规定，1万 m^2 以下工程1人；1万～5万 m^2 的工程不少于2人；5万 m^2 以上的工程不少于3人。

2. 安全生产许可证制度 [16、18年单选]

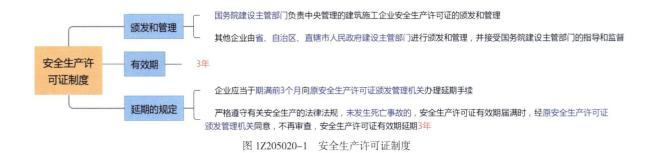

图 1Z205020-1　安全生产许可证制度

3. 安全生产教育培训制度 [18、21年单选，14年多选]

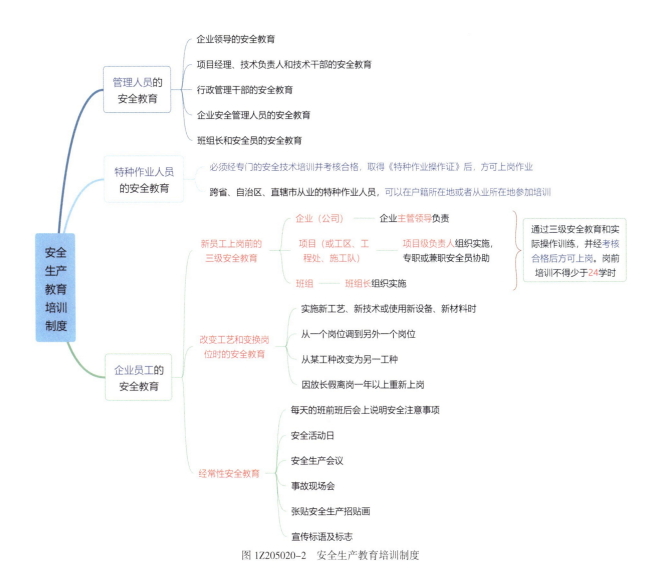

图 1Z205020-2　安全生产教育培训制度

4. 安全措施计划制度 [17年单选]

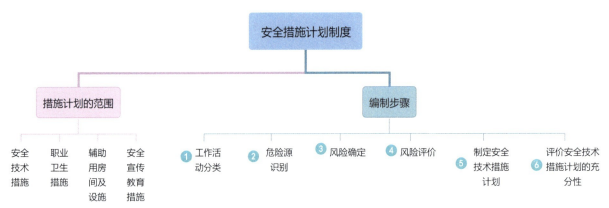

图1Z205020-3 安全措施计划制度

 编制步骤主要考核两种形式：（1）判断正确步骤；（2）判断某一步骤前或后应完成的工作。

5. 特种作业人员持证上岗制度 [19年单选，15年多选]

- ◆特种作业人员必须按照国家有关规定经过专门的安全作业培训，并取得特种作业操作证后，方可上岗作业。
- ◆离开特种作业岗位6个月以上的特种作业人员，应当重新进行实际操作考试，经确认合格后方可上岗作业。

6. 专项施工方案专家论证制度 [20、21年单选，13、17、22年多选]

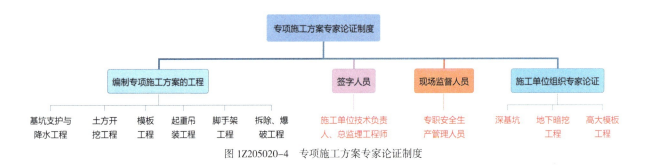

图1Z205020-4 专项施工方案专家论证制度

7. 施工起重机械使用登记制度

- ◆《建设工程安全生产管理条例》第三十五条规定，施工单位应当自施工起重机械和整体提升脚手架、模板等自升式架设设施验收合格之日起30日内，向建设行政主管部门或者其他有关部门登记。登记标志应当置于或者附着于该设备的显著位置。

8. 安全检查制度

图 1Z205020-5 安全检查制度

9."三同时"制度

◆"三同时"制度是指凡是我国境内新建、改建、扩建的基本建设项目（工程），技术改建项目（工程）和引进的建设项目，其安全生产设施必须符合国家规定的标准，必须与主体工程同时设计、同时施工、同时投入生产和使用。

 常见的干扰选项有"同时运营""同时验收"。

10．工伤和意外伤害保险制度 [16、21、22 年单选]

◆工伤保险是属于法定的强制性保险。
◆为从事危险作业的职工投保意外伤害险并非强制性规定，是否投保意外伤害险由建筑施工企业自主决定。

 本考点内容较多，采分点分散，每年在此会有一到两道题目的考查，重点掌握安全生产教育培训制度、特种作业人员持证上岗制度和专项施工方案专家论证制度。

【考点 2】安全生产管理预警体系的建立和运行（☆☆☆☆☆）

1．安全生产管理预警体系的要素 [20、22 年单选，19 年多选]

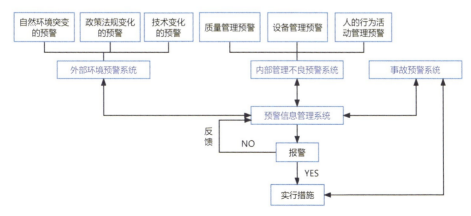

图 1Z205020-6 安全生产管理预警体系的要素

2. 预警体系实现的功能 [14、16、17、19 年单选]

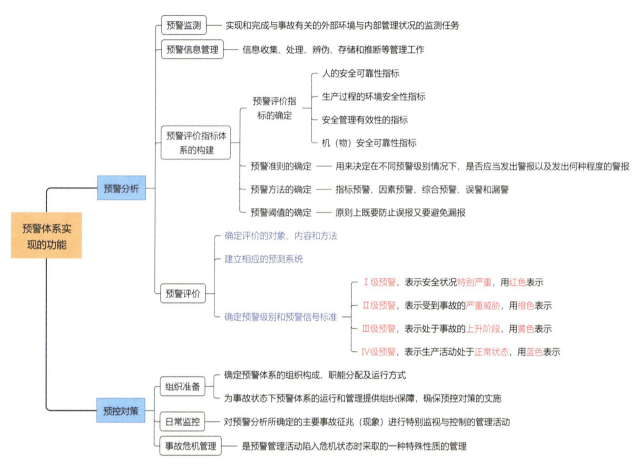

图 1Z205020-7 预警体系实现的功能

 区分预警信号采用的颜色及表示的不同安全状况，主要的考核形式有：（1）给出安全状况和颜色，判断预警级别；（2）给出预警级别，判断表示的安全状况或者使用的颜色；（3）判断正确与错误说法的综合题目。

3. 预警体系的运行 [21 年单选]

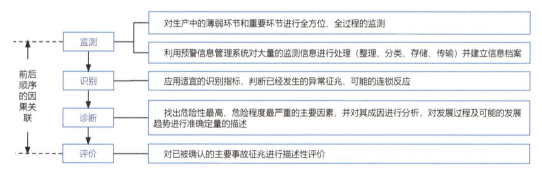

图 1Z205020-8 预警体系的运行

【考点3】施工安全技术措施和安全技术交底（☆☆☆☆）

1. 施工安全控制的目标和程序

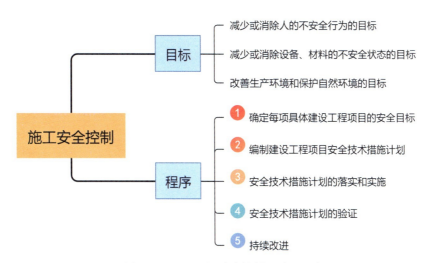

图 1Z205020-9 施工安全控制的目标和程序

 控制的目标主要考核多项选择题；控制程序主要考核的形式是判断正确的顺序。

2. 施工安全技术措施的一般要求和主要内容 [14、15、18、20年单选]

图 1Z205020-10 施工安全技术措施的一般要求和主要内容

 该知识点考核时主要有两种形式：
（1）关于施工安全技术措施一般要求说法是否正确的表述题目；
（2）给出具体操作，判断符合哪项要求。

3. 安全技术交底的内容与要求 [18年多选]

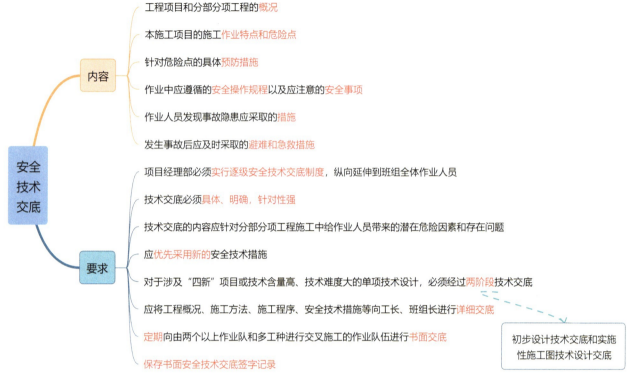

图 1Z205020-11　安全技术交底的内容与要求

【考点4】安全生产检查监督的类型和内容（☆☆☆）[17、22年单选]

图 1Z205020-12　安全生产检查监督的类型和内容

【考点 5】安全隐患的处理（☆☆☆）[19、20、22 年单选]

建设工程安全隐患的处理　　　　　　　表 1Z205020-1

治理原则	说明	
冗余安全度治理原则	在处理安全隐患时应考虑设置多道防线，即使有一两道防线无效，还有冗余的防线可以控制事故隐患	举例：道路上有一个坑，既要设防护栏及警示牌，又要设照明及夜间警示红灯
单项隐患综合治理原则	人、机、料、法、环境五者任一环节产生安全隐患，都要从五者安全匹配的角度考虑，调整匹配的方法，提高匹配的可靠性	举例：某工地发生触电事故，一方面要进行人的安全用电操作教育，同时现场也要设置漏电开关，对配电箱、用电电路进行防护改造，也要严禁非专业电工乱接乱拉电线
直接隐患与间接隐患并治原则	对人机环境系统进行安全治理，同时还需治理安全管理措施	
预防与减灾并重治理原则	治理安全事故隐患时，需尽可能减少发生事故的可能性，如果不能控制事故的发生，也要设法将事故等级降低	
重点治理原则	按对隐患的分析评价结果实行危险点分级治理，也可以用安全检查表打分对隐患危险程度分级	
动态治理原则	对生产过程进行动态随机安全化治理，生产过程中发现问题及时治理，既可以及时消除隐患，又可以避免小的隐患发展成大的隐患	

  治理原则通常会考核例子，对照概念理解举例。

1Z205030 建设工程生产安全事故应急预案和事故处理

【考点 1】生产安全事故应急预案的内容（☆☆☆☆☆）

1. 应急预案体系构成 [20、22 年单选，18 年多选]

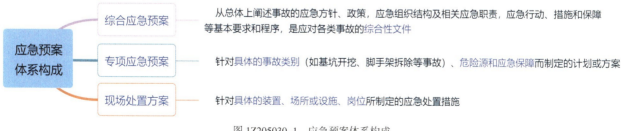

图 1Z205030-1　应急预案体系构成

  重点区分专项应急预案与现场处置方案。主要的考核形式是：根据题干条件判断属于体系构成中的哪一类。

2. 编制应急预案的目的与要求 [15、18年多选]

编制应急预案的目的与要求　　　　　　　　　　　表 1Z205030-1

项目	内容
编制目的	能够按照合理的响应流程采取适当的救援措施，预防和减少可能随之引发的职业健康安全和环境影响
编制要求	（1）符合有关法律、法规、规章和标准的规定。 （2）结合本地区、本部门、本单位的安全生产实际情况。 （3）结合本地区、本部门、本单位的危险性分析情况。 （4）应急组织和人员的职责分工明确，并有具体的落实措施。 （5）有明确、具体的事故预防措施和应急程序，并与其应急能力相适应。 （6）有明确的应急保障措施，并能满足本地区、本部门、本单位的应急工作要求。 （7）预案基本要素齐全、完整，预案附件提供的信息准确。 （8）预案内容与相关应急预案相互衔接

直击考点 主要考核多项选择题。

3. 生产安全事故应急预案编制的内容 [19年多选]

生产安全事故应急预案编制的内容　　　　　　　　表 1Z205030-2

综合应急预案编制的主要内容	专项应急预案编制的主要内容	现场处置方案的主要内容
（1）总则。 （2）施工单位的危险性分析。 （3）组织机构及职责。 （4）预防与预警。 （5）应急响应。 （6）信息发布。 （7）后期处置。 （8）保障措施。 （9）培训与演练。 （10）奖惩。 （11）附则。	（1）事故类型和危害程度分析。 （2）应急处置基本原则。 （3）组织机构及职责。 （4）预防与预警。 （5）信息报告程序。 （6）应急处置。 （7）应急物资与装备保障。	（1）事故特征。 （2）应急组织与职责。 （3）应急处置。 （4）注意事项。

【考点2】生产安全事故应急预案的管理（☆☆☆☆）
[14、16、17、22年单选，16、20、21年多选]

生产安全事故应急预案的管理　　　　　　　　　　表 1Z205030-3

管理	内容
评审	评审人员包括应急预案涉及的政府部门工作人员和有关安全生产及应急管理方面的专家。与所评审预案的施工单位有利害关系的，应当回避
备案	地方各级人民政府应急管理部门的应急预案：报同级人民政府备案，同时抄送上一级人民政府应急管理部门，并依法向社会公布。 地方各级人民政府其他负有安全生产监督管理职责的部门的应急预案：抄送同级人民政府应急管理部门

续表

管理	内容
实施	（1）每年至少组织一次综合应急预案演练或者专项应急预案演练。 （2）每半年至少组织一次现场处置方案演练。 （3）有下列情形之一的，应急预案应当及时修订并归档： 1）依据的法律、法规、规章、标准及上位预案中的有关规定发生重大变化的； 2）应急指挥机构及其职责发生调整的； 3）面临的事故风险发生重大变化的； 4）重要应急资源发生重大变化的； 5）预案中的其他重要信息发生变化的； 6）在应急演练和事故应急救援中发现问题需要修订的； 7）编制单位认为应当修订的其他情况

 区分综合应急演练与专项应急演练、现场处置方案的演练时间，主要考核单项选择题；对应急预案进行修订的情形主要考核多项选择题。

【考点3】职业健康安全事故的分类和处理（☆☆☆☆☆）

1. 职业伤害事故的分类 [13、17、18、20、22年单选]

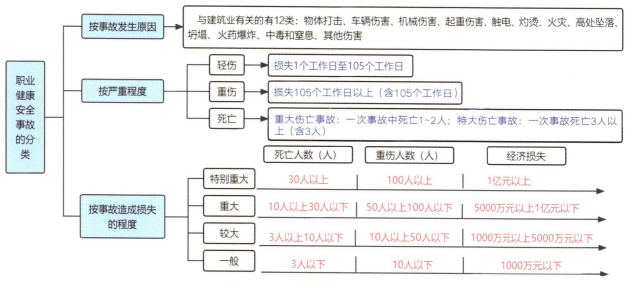

图 1Z205030-2　职业伤害事故的分类

 重点掌握按事故造成损失程度的分类。每一事故等级所对应的3个条件是独立成立的，只要符合其中一条就可以判定，最后选择等级最高（遵循从重原则）的作为正确答案。考核时主要的形式有：（1）根据题干某事故的等级，判断备选项中哪个的说法属于该等级。比如：下列安全事故中，属于较大事故的是（　　）。（2）根据题干中某事故造成的具体损失，判断备选项中与之对应的事故等级。比如：某工程因脚手架坍塌造成960万元的直接经济损失，根据《生产安全事故报告和调查处理条例》，该事故属于（　　）。

2. 建设工程安全事故的处理原则（"四不放过"原则）[15年单选，17年多选]

◆事故原因未查清不放过。
◆责任人员未处理不放过。
◆有关人员未受到教育不放过。
◆整改措施未落实不放过。

 主要考核多项选择题。

3. 建设工程安全事故处理措施 [14、16、18、19、21年单选，13、22年多选]

建设工程安全事故处理措施　　　　表 1Z205030-4

事故	特别重大事故	重大事故	较大事故	一般事故
事故单位的报告	（1）事故现场有关人员应当立即向本单位负责人报告。 （2）单位负责人接到报告后，应当在 1h 内向事故发生地县级以上人民政府应急管理部门和负有安全生产监督管理职责的有关部门报告。 （3）情况紧急时，事故现场有关人员可以直接向事故发生地县级以上人民政府应急管理部门和负有安全生产监督管理职责的有关部门报告。 （4）应急管理部门和负有安全生产监督管理职责的有关部门逐级上报事故情况，每级上报的时间不得超过 2h			
监管部门的报告	逐级上报至国务院应急管理部门和负有安全生产监督管理职责的有关部门		逐级上报至省、自治区、直辖市人民政府应急管理部门和负有安全生产监督管理职责的有关部门	逐级上报至设区的市级人民政府应急管理部门和负有安全生产监督管理职责的有关部门
组织调查组，开展事故调查	国务院或者国务院授权有关部门	事故发生地省级人民政府	事故发生地设区的市级人民政府	事故发生地县级人民政府。未造成人员伤亡的，县级人民政府也可以委托事故发生单位组织事故调查组进行调查
现场勘查	现场笔录、现场拍照和现场绘图			
分析事故原因	通过直接和间接地分析，确定事故的直接责任者、间接责任者和主要责任者			
制定预防措施	根据事故原因分析，制定防止类似事故再次发生的预防措施			
提交事故调查报告	自事故发生之日起 60 日内提交事故调查报告			
事故的审批和结案	30 日内作出批复	自收到事故调查报告之日起 15 日内作出批复		

 该知识点考核频次较高，掌握上述几个数据，一般会考核单项选择题，也会作为判断正确与错误说法题目的备选项出现。事故调查报告包括六项内容，是多项选择题采分点，应熟悉。区分四类事故的上报部门及调查组组织部门。

1Z205040 建设工程施工现场职业健康安全与环境管理的要求

【考点1】施工现场文明施工的要求（☆☆☆☆☆）
[15、21年单选，13、17、18、20、21、22年多选]

施工现场文明施工的要求　　　　　　　　　　　　　　　　　表1Z205040-1

措施		要求
组织措施		（1）建立文明施工的管理组织。确立以项目经理为现场文明施工的第一责任人。 （2）健全文明施工的管理制度
管理措施	施工平面布置	随工程实施的不同阶段进行场地布置和调整
	现场围挡、标牌	（1）实行封闭管理，严格执行外来人员进场登记制度。 （2）市区主要路段和其他涉及市容景观路段的工地设置围挡的高度不低于2.5m，其他工地的围挡高度不低于1.8m。 （3）设有"五牌一图"，即工程概况牌、管理人员名单及监督电话牌、消防保卫（防火责任）牌、安全生产牌、文明施工牌和施工现场总平面图
	施工场地	（1）施工现场应积极推行硬地坪施工，作业区、生活区主干道地面必须用一定厚度的混凝土硬化，场内其他道路地面也应硬化处理。 （2）施工现场道路畅通、平坦、整洁、无散落物。 （3）施工现场设置排水系统，排水畅通、不积水。 （4）严禁泥浆、污水、废水外流或未经允许排入河道，严禁堵塞下水道和排水河道。 （5）施工现场适当地方设置吸烟处，作业区内禁止随意吸烟。 （6）积极美化施工现场环境，根据季节变化，适当进行绿化布置
	材料堆放、周转设备管理	（1）必须按施工现场总平面布置图堆放，布置合理。 （2）建立材料收发管理制度。 （3）建立清扫制度
	现场生活设施	（1）作业区与办公、生活区必须明显划分。 （2）有保暖、消暑、防煤气中毒、防蚊虫叮咬等措施。严禁使用煤气灶、煤油炉、电饭煲、热得快、电炒锅、电炉等器具。 （3）炊事员持健康证上岗。 （4）建立现场卫生责任制，设卫生保洁员
	现场消防、防火管理	（1）现场建立消防管理制度。 （2）定期对有关人员进行消防教育，落实消防措施。 （3）现场必须有消防平面布置图，临时设施按消防条例有关规定搭设，做到标准规范。 （4）易燃易爆物品堆放间、油漆间、木工间、总配电室等消防防火重点部位要按规定设置灭火器和消防沙箱，并有专人负责，对违反消防条例的有关人员进行严肃处理。 （5）施工现场用明火做到严格按动用明火规定执行，审批手续齐全
	医疗急救的管理	展开卫生防病教育，准备必要的医疗设施，配备经过培训的急救人员，有急救措施、急救器材和保健医药箱
	社区服务的管理	建立施工不扰民的措施。现场不得焚烧有毒、有害物质等
	治安管理	（1）建立现场治安保卫领导小组，有专人管理。 （2）新入场的人员做到及时登记，做到合法用工。 （3）按照治安管理条例和施工现场的治安管理规定搞好各项管理工作。 （4）建立门卫值班管理制度

续表

措施	要求
建立检查考核制度	项目应结合相关标准和规定建立文明施工考核制度，推进各项文明施工措施的落实
抓好文明施工建设工作	（1）建立宣传教育制度。 （2）加强管理人员和班组文明建设。 （3）积极开展共建文明活动

主要考核多项选择题，考核形式主要是判断正确与错误说法的题目。上述标记内容为常考采分点。

【考点2】施工现场环境保护的要求（☆☆☆☆☆）

1. 施工现场空气污染的防治措施 [18、20、21年单选，14、19年多选]

施工现场空气污染的防治措施：
(1) 现场垃圾渣土要及时清理出现场。
(2) 高大建筑物清理施工垃圾时，要使用封闭式的容器或者采取其他措施处理高空废弃物，严禁凌空随意抛撒。
(3) 现场道路应指定专人定期洒水清扫，形成制度，防止道路扬尘。
(4) 细颗粒散体材料（如水泥、粉煤灰、白灰等）的运输、储存要注意遮盖、密封。
(5) 除设有符合规定的装置外，禁止在施工现场焚烧油毡、橡胶、塑料、皮革、树叶、枯草、各种包装物等废弃物以及其他会产生有毒、有害烟尘和恶臭气体的物质。
(6) 机动车都要安装减少尾气排放的装置，确保符合国家标准。
(7) 工地茶炉应尽量采用电热水器。
(8) 大城市市区的建设工程不容许搅拌混凝土。
(9) 拆除旧建筑物时，应适当洒水，防止扬尘

图1Z205040-1 施工现场空气污染的防治措施

考核形式主要是：（1）判断正确与错误说法的题目；（2）判断施工现场的防治措施中，属于空气污染防治措施的有（　　）。

2. 施工过程水污染的防治措施 [13年单选，15年多选]

◆禁止将有毒有害废弃物作土方回填。
◆施工现场搅拌站废水，现制水磨石的污水，电石（碳化钙）的污水必须经沉淀池沉淀合格后再排放，最好将沉淀水用于工地洒水降尘或采取措施回收利用。
◆现场存放油料，必须对库房地面进行防渗处理。
◆施工现场100人以上的临时食堂，污水排放时可设置简易有效的隔油池，定期清理，防止污染。
◆工地临时厕所、化粪池应采取防渗漏措施。
◆化学用品、外加剂等要妥善保管，库内存放，防止污染环境。

3. 施工现场噪声污染的控制措施 [13、14、16、17、19、22年单选，20、21年多选]

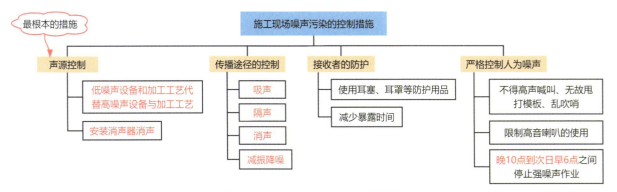

图 1Z205040-2 施工现场噪声污染的控制措施

 区分控制方法，注意掌握对应常考的例子。主要考核形式有：
（1）判断备选项中施工现场噪声控制的具体措施，属于哪类控制。比如：下列施工现场噪声控制措施中，属于控制传播途径的有（　　）。
（2）判断题干中具体的噪声控制措施，属于哪类控制。比如：在空气压缩机的进出风管适当位置安装消声器的做法，属于施工噪声控制技术中的（　　）。

4. 固体废物的处理和处置 [14、19年单选]

图 1Z205040-3 固体废物的处理和处置

【考点3】施工现场职业健康安全卫生的要求（☆☆☆☆）

1. 建设工程现场职业健康安全卫生的要求 [16年单选]

◆施工现场应设置办公室、宿舍、食堂、厕所、淋浴间、开水房、文体活动室、密闭式垃圾站（或容器）及盥洗设施等临时设施。
◆办公区和生活区应设密闭式垃圾容器。
◆办公室内布局合理，文件资料宜归类存放，并应保持室内清洁卫生。

- ◆施工企业应根据法律、法规的规定，制定施工现场的公共卫生突发事件应急预案。
- ◆施工现场应配备常用药品及绷带、止血带、颈托、担架等急救器材。
- ◆施工现场应设专职或兼职保洁员，负责卫生清扫和保洁。
- ◆办公区和生活区应采取灭鼠、蚊、蝇、蟑螂等措施，并应定期投放和喷洒药物。
- ◆做好作业人员的饮食卫生和防暑降温、防寒保暖、防煤气中毒、防疫等工作。
- ◆施工现场必须建立环境卫生管理和检查制度，并应做好检查记录。
- ◆施工现场按规定设置避难场所，定期开展应急演练。

2. 建设工程现场职业健康安全卫生的措施 [15、16、17、18、20年单选，16、22年多选]

建设工程现场职业健康安全卫生的措施　　　　表 1Z205040-2

项目	内容
现场宿舍管理	（1）宿舍室内净高不得小于2.4m。 （2）宿舍通道宽度不得小于0.9m。 （3）每间宿舍居住人员不得超过16人。 （4）施工现场宿舍必须设置可开启式窗户，宿舍内的床铺不得超过2层，严禁使用通铺。 （5）宿舍内应设置生活用品专柜，有条件的宿舍宜设置生活用品储藏室
现场食堂管理	（1）食堂必须有卫生许可证，炊事人员必须持身体健康证上岗。 （2）炊事人员上岗应穿戴洁净的工作服、工作帽和口罩，并应保持个人卫生。不得穿工作服出食堂，非炊事人员不得随意进入制作间。 （3）食堂炊具、餐具和公用饮水器具必须清洗消毒。 （4）施工现场应加强食品、原料的进货管理，食堂严禁出售变质食品。 （5）食堂应设置独立的制作间、储藏间，门扇下方应设不低于0.2m的防鼠挡板。 （6）制作间灶台及其周边应贴瓷砖，所贴瓷砖高度不宜小于1.5m，地面应做硬化和防滑处理。 （7）粮食存放台距墙和地面应大于0.2m。 （8）食堂应配备必要的排风设施和冷藏设施。 （9）食堂的燃气罐应单独设置存放间，存放间应通风良好并严禁存放其他物品。 （10）食堂外应设置密闭式泔水桶，并应及时清运
现场厕所管理	（1）施工现场应设置水冲式或移动式厕所，厕所地面应硬化，门窗应齐全。 （2）厕所应设专人负责清扫、消毒、化粪池应及时清掏
其他临时设施管理	（1）淋浴间应设置满足需要的淋浴喷头，可设置储衣柜或挂衣架。 （2）盥洗设施应设置满足作业人员使用的盥洗池，并应使用节水龙头。 （3）生活区应设置开水炉、电热水器或饮用水保温桶；施工区应配备流动保温水桶。 （4）文体活动室应配备电视机、书报、杂志等文体活动设施、用品。 （5）施工现场作业人员发生法定传染病、食物中毒或急性职业中毒时，必须在2h内向施工现场所在地建设行政主管部门和有关部门报告，并应积极配合调查处理。 （6）现场施工人员患有法定传染病时，应及时进行隔离，并由卫生防疫部门进行处置

 重点掌握现场宿舍、食堂和厕所的管理要求。考核的主要形式是判断正确与错误说法的综合题目。

1Z206000 建设工程合同与合同管理

1Z206010 建设工程施工招标与投标

【考点1】施工招标（☆☆☆☆）

1. 建设工程施工招标具备的条件 [21年多选]

◆ 招标人已经依法成立。
◆ 初步设计及概算应当履行审批手续的，已经批准。
◆ 招标范围、招标方式和招标组织形式等应当履行核准手续的，已经核准。
◆ 有相应资金或资金来源已经落实。
◆ 有招标所需的设计图纸及技术资料。

直击考点：一般会考核多项选择题。

2. 招标投标项目的确定 [19年多选]

◆ 大型基础设施、公用事业等关系社会公共利益、公众安全的项目。
◆ 全部或者部分使用国有资金投资或者国家融资的项目。
◆ 使用国际组织或者外国政府贷款、援助资金的项目。

3. 招标方式的确定 [2018年多选]

注意：世界银行贷款项目中的工程和货物的采购，可以采用国际竞争性招标、有限国际招标、国内竞争性招标、询价采购、直接签订合同、自营工程等采购方式。其中国际竞争性招标和国内竞争性招标都属于公开招标，而有限国际招标则相当于邀请招标。

图 1Z206010-1 招标方式的确定

115

4. 招标信息的发布与修正 [22年单选，14年多选]

招标信息的发布与修正　　　　　　　表 1Z206010-1

项目		内容
招标信息的发布		拟发布的招标公告和公示信息文本应当由招标人或其招标代理机构盖章，并由主要负责人或其授权的项目负责人签名。 依法必须招标项目的招标公告和公示信息除在发布媒介发布外，招标人或其招标代理机构也可以同步在其他媒介公开，并确保内容一致。其他媒介可以依法转载，但不得改变其内容，同时必须注明信息来源。 招标人应当按招标公告或者投标邀请书规定的时间、地点出售招标文件或资格预审文件。自招标文件或者资格预审文件出售之日起至停止出售之日止，最短不得少于5日。 招标人发售资格预审文件、招标文件收取的费用应当限于补偿印刷、邮寄的成本支出，不得以营利为目的。 对于所附的设计文件，招标人可以向投标人酌收押金；对于开标后投标人退还设计文件的，招标人应当向投标人退还押金。 招标文件或者资格预审文件售出后，不予退还。 招标人在发布招标公告、发出投标邀请书后或者售出招标文件或资格预审文件后不得擅自终止招标
招标信息的修正	时限	招标人对已发出的招标文件进行必要的澄清或者修改，应当在招标文件要求提交投标文件截止时间至少15日前发出
	形式	书面
	全面	所有澄清文件必须直接通知所有招标文件收受人

 一般会以判断正确与错误说法的形式考查。两个时间点可能会考核单项选择题。

5. 资格预审 [21年单选]

图 1Z206010-2　资格预审

6. 以不合理条件限制、排斥潜在投标人或者投标人的情形 [16、21年单选，17年多选]

- ◆ 就同一招标项目向潜在投标人或者投标人提供有差别的项目信息。
- ◆ 设定的资格、技术、商务条件与招标项目的具体特点和实际需要不相适应或者与合同履行无关。
- ◆ 依法必须进行招标的项目以特定行政区域或者特定行业的业绩、奖项作为加分条件或者中标条件。
- ◆ 对潜在投标人或者投标人采取不同的资格审查或者评标标准。
- ◆ 限定或者指定特定的专利、商标、品牌、原产地或者供应商。
- ◆ 依法必须进行招标的项目非法限定潜在投标人或者投标人的所有制形式或者组织形式。
- ◆ 以其他不合理条件限制、排斥潜在投标人或者投标人。

 一般会以判断正确与错误说法的形式考核。

7. 标前会议

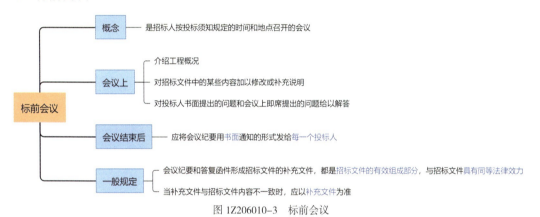

图 1Z206010-3　标前会议

8. 评标 [19年单选]

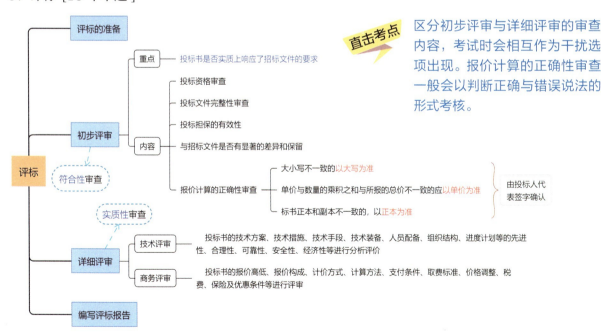

直击考点　区分初步评审与详细评审的审查内容，考试时会相互作为干扰选项出现。报价计算的正确性审查一般会以判断正确与错误说法的形式考核。

图 1Z206010-4　评标

【考点 2】施工投标（☆☆☆）[13、17 年单选，13、20 年多选]

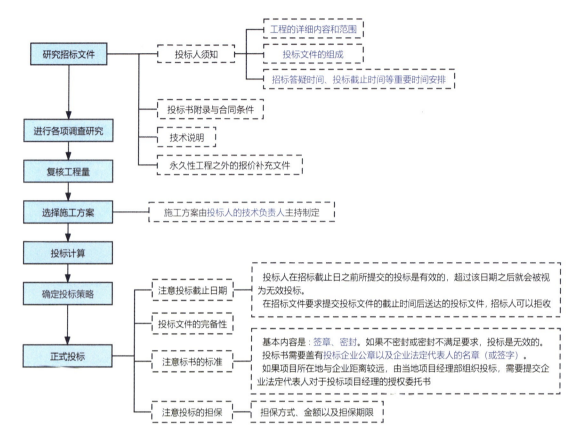

图 1Z206010-5 施工投标

【考点 3】合同谈判与签约（☆☆☆☆）

1. 合同订立的程序 [14、18、19 年单选，22 年多选]

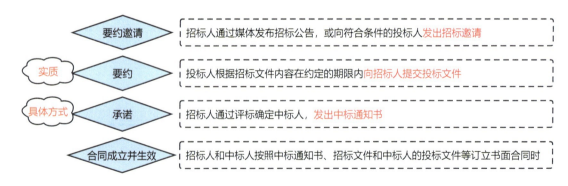

图 1Z206010-6 合同订立的程序

2. 建设工程施工承包合同谈判与签约 [13年单选，15、16年多选]

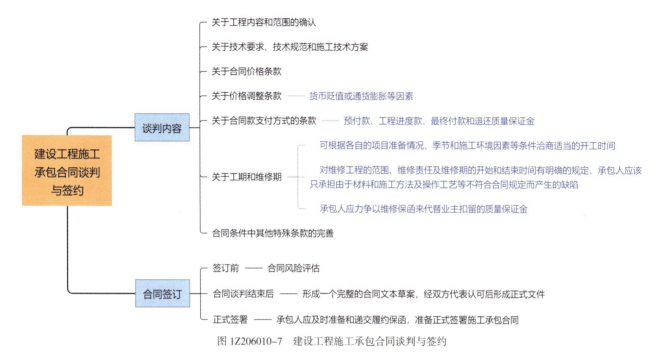

图 1Z206010-7 建设工程施工承包合同谈判与签约

1Z206020 建设工程合同的内容

【考点1】施工承包合同的内容（☆☆☆☆☆）

1. 施工合同示范文本的组成 [14年多选]

- ◆ 协议书。
- ◆ 通用条款。
- ◆ 专用条款。

2. 通用条款规定的优先顺序 [13年单选]

图 1Z206020-1 通用条款规定的优先顺序

 考核合同文件优先顺序。

3. 发包方的责任与义务 [13、14、16、18、19年多选]

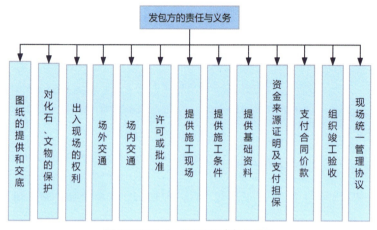

图1Z206020-2 发包方的责任与义务

直击考点 主要的考核的题型是：根据《建设工程施工合同（示范文本）》判断发包人的责任义务。

4. 进度控制的主要条款内容 [15、22年单选]

图1Z206020-3 进度控制的主要条款内容

直击考点 主要考核进度条款中的具体内容。关于竣工日期一般会考核单项选择题。

5. 质量控制的主要条款内容 [14、16、17、18、19、20年单选，年多选]

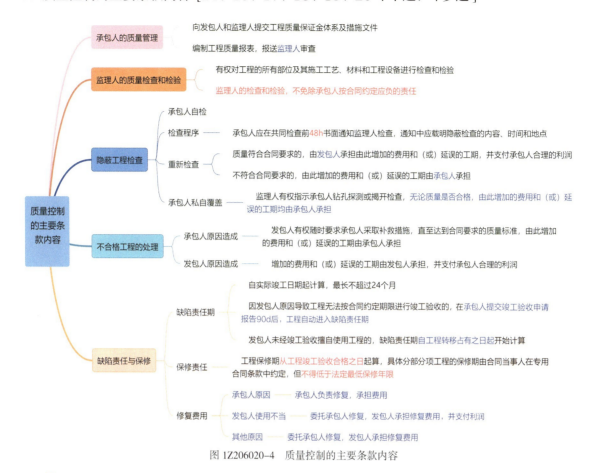

图 1Z206020-4 质量控制的主要条款内容

直击考点：重点掌握隐蔽工程检查、缺陷责任与保修。

6. 费用控制的主要条款内容 [21年多选]

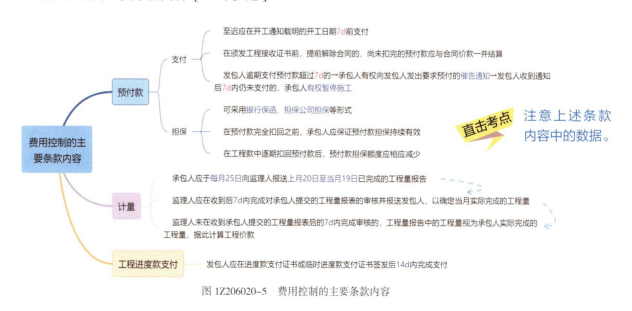

图 1Z206020-5 费用控制的主要条款内容

直击考点：注意上述条款内容中的数据。

【考点 2】物资采购合同的内容（☆☆☆☆☆）

1. 建筑材料采购合同的主要内容 [15、21、22 年单选，17 年多选]

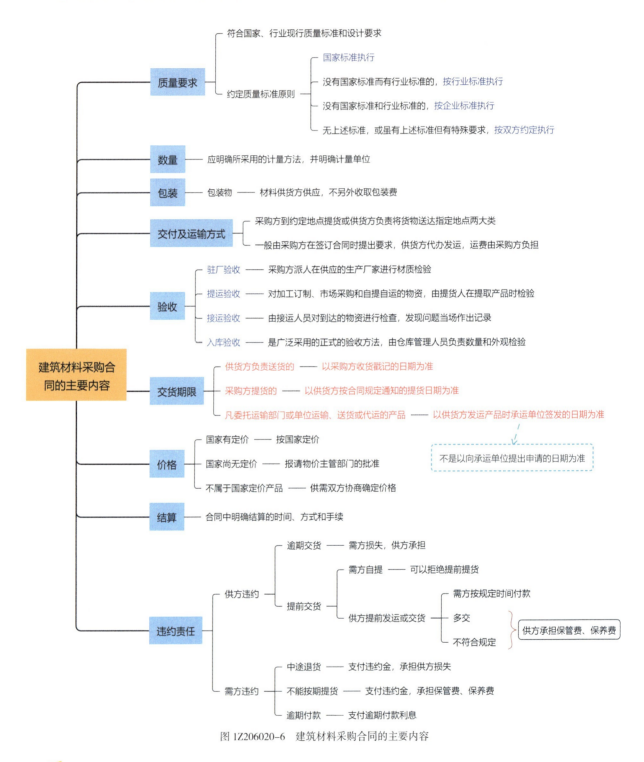

图 1Z206020-6　建筑材料采购合同的主要内容

 关于交货期限要准确记忆，此知识点不难理解，但是却容易做错。

2．设备采购合同的主要内容

◆成套设备供应合同的一般条款可参照建筑材料供应合同的一般条款，包括产品（设备）的名称、品种、型号、规格、等级、技术标准或技术性能指标；数量和计量单位；包装标准及包装物的供应与回收；交货单位、交货方式、运输方式、交货地点、提货单位、交（提）货期限；验收方式；产品价格；结算方式；违约责任等。
◆设备采购合同通常采用固定总价合同，在合同交货期内价格不进行调整。

【考点3】施工专业分包合同的内容（☆☆☆☆）

1．工程承包人（总承包单位）的主要责任和义务

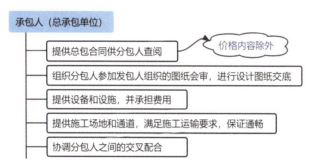

图 1Z206020-7　工程承包人（总承包单位）的主要责任和义务

2．专业工程分包人的主要责任和义务 [19、20、21年单选]

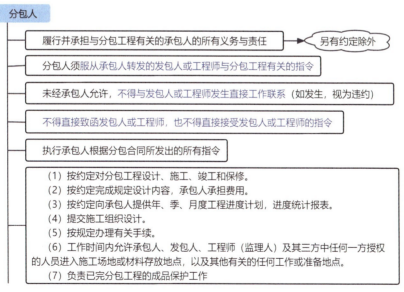

图 1Z206020-8　专业工程分包人的主要责任和义务

 本考点在考试中考核以判断正误的表述题为主。每一句话都可能作为备选项出现，考生应多加关注。

3. 合同价款及支付 [21年单选]

> ◆分包工程合同价款可以采用以下三种中的一种：固定价格、可调价格、成本加酬金。
> ◆分包合同价款与总合同相应部分价款无任何连带关系。
> ◆分包合同约定的工程变更调整的合同价款、合同价款的调整、索赔的价款或费用以及其他约定的追加合同价款，应与工程进度款同期调整支付。
> ◆承包人应在收到分包工程竣工结算报告及结算资料后28d内支付工程竣工结算价款，在发包人不拖延工程价款的情况下无正当理由不按时支付，从第29天起按分包人同期向银行贷款利率支付拖欠工程价款的利息，并承担违约责任。

【考点4】施工劳务分包合同的内容（☆☆☆）

1. 工程承包人的主要义务

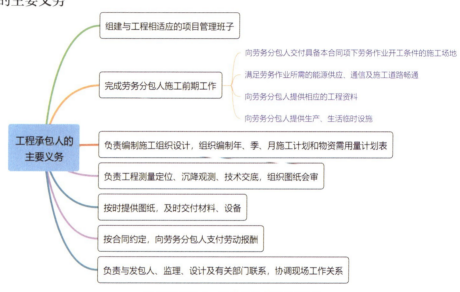

图1Z206020-9　工程承包人的主要义务

2. 劳务分包人的主要义务 [16年单选，22年多选]

> ◆对劳务分包范围内的工程质量向工程承包人负责，组织具有相应资格证书的熟练工人投入工作；未经工程承包人授权或允许，不得擅自与发包人及有关部门建立工作联系；自觉遵守法律法规及有关规章制度。
> ◆严格按照设计图纸、施工验收规范、有关技术要求及施工组织设计精心组织施工，确保工程质量达到约定的标准；科学安排作业计划，投入足够的人力、物力，保证工期；加强安全教育，认真执行安全技术规范，严格遵守安全制度，落实安全措施，确保施工安全；加强现场管理，严格执行建设主管部门及环保、消防、环卫等有关部门对施工现场的管理规定，做到文明施工；承担由于自身责任造成的质量修改、返工、工期拖延、安全事故、现场脏乱造成的损失及各种罚款。
> ◆自觉接受工程承包人及有关部门的管理、监督和检查；接受工程承包人随时检查其设备、材料保管、使用情况，及其操作人员的有效证件、持证上岗情况；与现场其他单位协调配合，照顾全局。
> ◆劳务分包人须服从工程承包人转发的发包人及工程师（监理人）的指令。
> ◆除非合同另有约定，劳务分包人应对其作业内容的实施、完工负责，劳务分包人应承担并履行总(分)包合同约定的、与劳务作业有关的所有义务及工作程序。

3. 关于办理保险的规定 [13年单选]

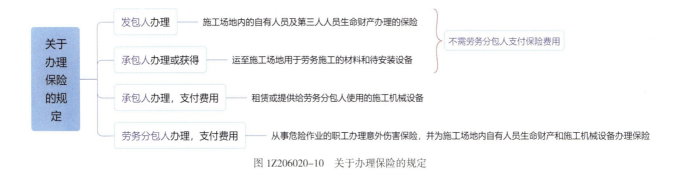

图 1Z206020-10　关于办理保险的规定

 考试时一般会让考生判断应由谁办理保险。注意：谁的人、物，由谁买保险。

【考点 5】工程总承包合同的内容（☆☆☆）

1. 发包人的义务和责任与承包人的一般义务 [20、21年单选]

发包人的义务和责任与承包人的一般义务　　　　表 1Z206020-1

发包人的义务和权利	承包人的一般义务
（1）遵守法律。 （2）提供施工现场和工作条件。 （3）提供基础资料。 （4）办理许可和批准。 （5）项承包人提供支付担保，支付合同价款。 （6）现场管理配合	（1）办理法律规定和合同约定由承包人办理的许可和批准。 （2）按合同约定完成全部工作并在缺陷责任期和保修期内承担缺陷保证责任和保修义务。 （3）提供合同约定的工程设备和承包人文件，以及为完成合同工作所需的劳务、材料、施工设备和其他物品，并按合同约定负责临时设施的设计、施工、运行、维护、管理和拆除。 （4）按合同约定的工作内容和进度要求，编制设计、施工的组织和实施计划，保证项目进度计划的实现，并对所有设计、施工作业和施工方法，以及全部工程的完备性和安全可靠性负责。 （5）按法律规定和合同约定采取安全文明施工、职业健康和环境保护措施，办理员工工伤保险等相关保险，确保工程及人员、材料、设备和设施的安全，防止因工程实施造成的人身伤害和财产损失。 （6）将发包人按合同约定支付的各项价款专用于合同工程，且应及时支付其雇用人员（包括建筑工人）工资，并及时向分包人支付合同价款。 （7）在进行合同约定的各项工作时，不得侵害发包人与他人使用公用道路、水源、市政管网等公共设施的权利，避免对邻近的公共设施产生干扰

2．关于材料与工程设备的主要内容

关于材料与工程设备的主要内容　　　　表 1Z206020-2

项目	内容
发包人提供的材料和工程设备	承包人应根据项目进度计划的安排，提前 28d 以书面形式通知工程师材料与工程设备的进场计划。发包人应在材料和工程设备到货 7d 前通知承包人，承包人应会同工程师在约定的时间内，赴交货地点共同进行验收。 除专用合同条件另有约定外，发包人提供的材料和工程设备验收后，由承包人负责接收、运输和保管
承包人提供的材料和工程设备	承包人应按照专用合同条件的约定，将各项材料和工程设备的供货人及品种、技术要求、规格、数量和供货时间等报送工程师批准。 对承包人提供的材料和工程设备，承包人应会同工程师进行检验和交货验收，查验材料合格证明和产品合格证书，并按合同约定和工程师指示，进行材料的抽样检验和工程设备的检验测试，检验和测试结果应提交工程师，所需费用由承包人承担

【考点6】工程监理合同的内容（☆☆☆）

1．监理工作内容 [18年单选]

- ◆根据有关规定和监理工作需要，编制监理实施细则。
- ◆熟悉工程设计文件，并参加由委托人主持的图纸会审和设计交底会议。
- ◆参加由委托人主持的第一次工地会议；主持监理例会并根据工程需要主持或参加专题会议。
- ◆审查施工承包人提交的施工组织设计。
- ◆检查施工承包人工程质量、安全生产管理制度及组织机构和人员资格。
- ◆检查施工承包人专职安全生产管理人员的配备情况。
- ◆审查施工承包人提交的施工进度计划，核查承包人对施工进度计划的调整。
- ◆检查施工承包人的试验室。
- ◆审核施工分包人资质条件。
- ◆查验施工承包人的施工测量放线成果。
- ◆审查工程开工条件，对条件具备的签发开工令。
- ◆审查施工承包人报送的工程材料、构配件、设备质量证明文件的有效性和符合性，并按规定对用于工程的材料采取平行检验或见证取样方式进行抽检。
- ◆审核施工承包人提交的工程款支付申请，签发或出具工程款支付证书，并报委托人审核、批准。
- ◆在巡视、旁站和检验过程中，发现工程质量、施工安全存在事故隐患的，要求施工承包人整改并报委托人。
- ◆经委托人同意，签发工程暂停令和复工令。
- ◆审查施工承包人提交的采用新材料、新工艺、新技术、新设备的论证材料及相关验收标准。
- ◆验收隐蔽工程、分部分项工程。
- ◆审查施工承包人提交的工程变更申请，协调处理施工进度调整、费用索赔、合同争议等事项。
- ◆审查施工承包人提交的竣工验收申请，编写工程质量评估报告。
- ◆参加工程竣工验收，签署竣工验收意见。
- ◆审查施工承包人提交的竣工结算申请并报委托人。
- ◆编制、整理工程监理归档文件并报委托人。

常考题型是根据《建设工程监理合同（示范文本）》判断监理工作内容。

2. 监理人职责 [17、22 年单选]

```
监理人职责
├─ 当委托人与承包人之间发生合同争议时，监理人应协助委托人、承包人协商解决
├─ 当委托人与承包人之间的合同争议提交仲裁机构仲裁或人民法院审理时，监理人应提供必要的证明资料
├─ 监理人应在专用条件约定的授权范围内，处理委托人与承包人所签订合同的变更事宜
├─ 在紧急情况下，为了保护财产和人身安全，监理人所发出的指令未能事先报委托人批准时，应在发出指令后的24h内以书面形式报委托人
└─ 监理人发现承包人的人员不能胜任本职工作的，有权要求承包人予以调换
```

图 1Z206020-11 监理人职责

 常考题型是根据《建设工程监理合同（示范文本）》判断监理人职责。

【考点 7】工程咨询合同的内容（☆☆☆）

FIDIC 第五版《白皮书》各部分的主要内容　　　　表 1Z206020-3

框架	内容
协议书	确定签约双方的基本信息和合同包含的主要文件，若双方都在协议书上签字，则表明合同将在约定的时间开始执行
通用条件	包括十个板块，是合同的通用性条件，主要规定了签约双方的义务和责任；保险；支付；协议书的开始、完成、变更和终止；争端的解决等
特殊条件	包括对应标准条件的有关条款和附加条款，是对标准条件的补充和说明，在合同履行过程中，专用条件优先于通用条件
附件 1	规定咨询工程师的服务范围
附件 2	规定业主提供的人员、设备、设施和其他方的服务
附件 3	报酬和支付
附件 4	进度计划
附件 5	裁决规则

1Z206030 合同计价方式

【考点1】单价合同（☆☆☆☆☆）
[13、14、15、16、17、19、20、21、22年单选，19年多选]

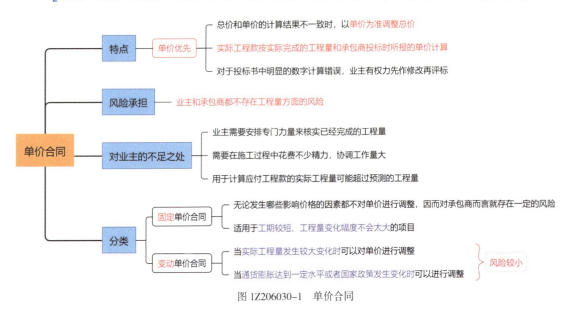

图 1Z206030-1 单价合同

 单价合同的特点是非常重要的采分点，会考核计算题目，判断正确与错误说法的题目。

【考点2】总价合同（☆☆☆☆）

1. 固定总价合同 [15年单选，16、18年多选]

固定总价合同　　　　　　　　　　　　　　　　　表 1Z206030-1

风险承担	适用情况	说明
承包商承担了工程量和价格双重风险（业主风险最小）。价格风险有报价计算错误、漏报项目、物价和人工费上涨等。工作量风险有工程量计算错误、工程范围不确定、工程变更或者由于设计深度不够所造成的误差等	（1）工程量小、工期短，估计在施工过程中环境因素变化小，工程条件稳定并合理。 （2）工程设计详细，图纸完整、清楚，工程任务和范围明确。 （3）工程结构和技术简单，风险小。 （4）投标期相对宽裕，承包商可以有充足的时间详细考察现场，复核工程量，分析招标文件，拟订施工计划。 （5）合同条件中双方的权利和义务十分清楚，合同条件完备	可以约定，在发生重大工程变更、累计工程变更超过一定幅度或者其他特殊条件下可以对合同价格进行调整。报价中不可避免地要增加一笔较高的不可预见风险费

 无论是固定单价合同还是固定总价合同，都是相对固定，在约定的条件范围内不调整价格，超出约定条件，也可以调整价格。

2. 变动总价合同 [15年单选，14年多选]

变动总价合同 表1Z206030-2

风险承担	价格调整规定	
	示范文本规定	建设周期一年半以上的工程项目
通货膨胀等不可预见因素的风险由业主承担	（1）法律、行政法规和国家有关政策变化影响合同价款。 （2）工程造价管理部门公布的价格调整。 （3）一周内非承包人原因停水、停电、停气造成的停工累计超过8h。 （4）双方约定的其他因素	（1）劳务工资以及材料费用的上涨。 （2）其他影响工程造价的因素，如运输费、燃料费、电力等价格的变化。 （3）外汇汇率的不稳定。 （4）国家或者省、市立法的改变引起的工程费用的上涨

3. 总价合同的特点 [21年单选，17、22年多选]

◆ 总价优先。
◆ 发包单位可以在报价竞争状态下确定项目的总造价，可以较早确定或者预测工程成本。
◆ 业主的风险较小、承包人将承担较多的风险。
◆ 评标时易于迅速确定最低报价的投标人。
◆ 在施工进度上能极大地调动承包人的积极性。
◆ 发包单位能更容易、更有把握地对项目进行控制。
◆ 必须完整而明确地规定承包人的工作。
◆ 必须将设计和施工方面的变化控制在最小限度内。

 该考点主要的考核题型是：（1）采用变动总价合同时，价格可调整的情形。（2）总价合同的特点。

【考点3】成本加酬金合同（☆☆☆☆☆）

1. 成本加酬金合同的特点、适用条件及应用 [13、15、20、21年多选]

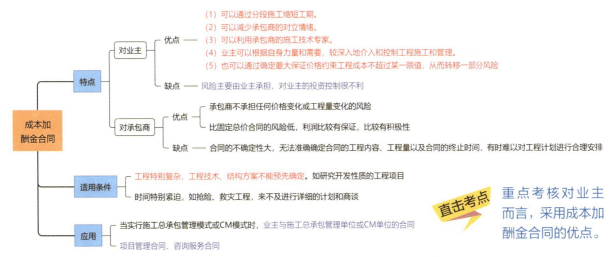

图1Z206030-2 成本加酬金合同的特点、适用条件及应用

2. 成本加酬金合同的形式 [14、16、17、18、19年单选]

成本加酬金合同的形式　　　　　表1Z206030-3

类型	特点	适用情况
成本加固定费用合同	确定一笔固定数目的报酬金额作为管理费及利润，对人工、材料、机械台班等直接成本则实报实销。如果设计变更或增加新项目，当直接费超过原估算成本的一定比例（如10%）时，固定的报酬也要增加。可在固定费用之外根据工程质量、工期和节约成本等因素，给承包商另加奖金，以鼓励承包商积极工作	总成本估计不准，可能变化不大
成本加固定比例费用合同	工程成本中直接费加一定比例的报酬费，报酬部分的比例在签订合同时由双方确定	初期很难描述工作范围、性质，工期紧迫，无法按常规编制招标文件招标
成本加奖金合同	底点：工程成本估算的60%～75%之下，可加大酬金值或酬金百分比。顶点：工程成本估算的110%～135%以下，可得到奖金；以上，罚款	招标时，图纸、规范等准备不充分，仅能制订一个估算指标
最大成本加费用合同	当设计深度达到可以报总价的深度，投标人报一个工程成本总价和一个固定的酬金（包括各项管理费、风险费和利润）	非代理型（风险型）CM模式的合同中

 历年都是考核单项选择题，对于四种合同形式的适用情况可以采用连线法进行记忆。
单价合同、总价合同、成本加酬金合同对比：

单价合同、总价合同、成本加酬金合同对比　　　　　表1Z206030-4

	总价合同	单价合同	成本加酬金合同
应用范围	广泛	工程量暂不确定的工程	紧急工程、保密工程等
业主的投资控制工作	容易	工作量较大	难度大
业主的风险	较小	较大	很大
承包商的风险	大	较小	无
设计深度要求	施工图设计	初步设计或施工图设计	设计阶段

【考点4】工程咨询合同计价方式（☆☆☆）[20、22年单选]

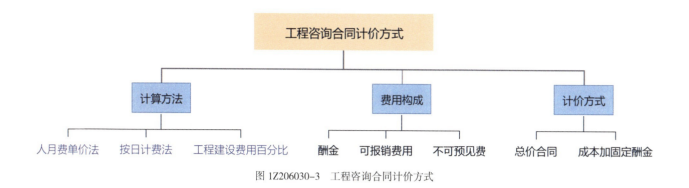

图 1Z206030-3　工程咨询合同计价方式

1Z206040 建设工程施工合同风险管理、工程保险和工程担保

【考点1】施工合同风险管理（☆☆☆☆）

1. 工程合同风险的分类 [21年单选，18年多选]

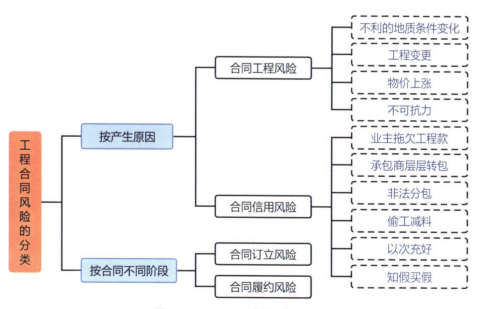

图 1Z206040-1　工程合同风险的分类

 注意区分合同信用风险与合同工程风险，主要的考核形式是：根据合同风险产生的原因分类，判断是属于合同工程风险还是合同信用风险。

2. 施工合同风险的类型 [15年单选，16年多选]

施工合同风险的类型 表 1Z206040-1

风险类型	内容
项目外界环境风险	在国际工程中，工程所在国政治环境的变化，如发生战争、禁运、罢工、社会动乱等造成工程施工中断或终止
	经济环境的变化，如通货膨胀、汇率调整、工资和物价上涨
	合同所依据的法律环境的变化，如新的法律颁布，国家调整税率或增加新税种，新的外汇管理政策
	自然环境的变化，如百年不遇的洪水、地震、台风等，以及工程水文、地质条件存在不确定性，复杂且恶劣的气候条件和现场条件
项目组织成员自信和能力风险	业主资信和能力风险
	承包商（分包商、供货商）资信和能力风险
	政府机关工作人员、城市公共供应部门的干预、苛求和个人需求。项目周边或涉及的居民或单位的干预、抗议或苛刻的要求
管理风险	对环境调查和预测的风险
	合同条款不严密、错误、二义性，工程范围和标准存在不确定性
	承包商投标策略错误，错误地理解业主意图和招标文件
	承包商的技术设计、施工方案、施工计划和组织措施存在缺陷和漏洞，计划不周
	实施控制过程中的风险

 主要考核管理风险的内容。注意："对环境调查与预测的风险"属于管理风险，容易判断为项目外界环境风险。

3. 工程合同风险分配 [17年单选]

工程合同风险分配 表 1Z206040-2

项目	内容
重要性	业主对风险的分配起主导作用。 （1）如果业主不承担风险，他也缺乏工程控制的积极性和内在动力，工程也不能顺利进行。 （2）如果合同不平等，承包商没有合理利润，不可预见的风险太大，则会对工程缺乏信心和履约积极性。 （3）如果合同所定义的风险没有发生，则业主多支付了报价中的不可预见风险费，承包商取得了超额利润
原则	（1）从工程整体效益出发，最大限度发挥双方的积极性。 （2）公平合理，责权利平衡。 （3）符合现代工程管理理念。 （4）符合工程惯例，即符合通常的工程处理方法

【考点2】工程保险（☆☆☆☆☆）

1. 保险概述 [16年单选，15、22年多选]

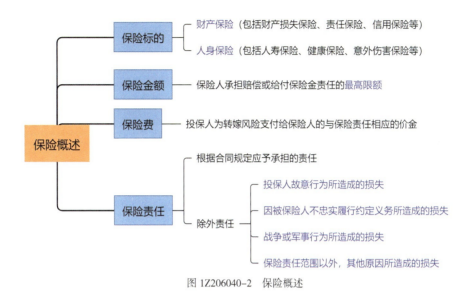

图1Z206040-2　保险概述

2. 工程保险的种类 [14、15、17、18、19、20年单选，21、22年多选]

工程保险的种类　　　　　　　　　　　　　　　表1Z206040-3

种类	投保	说明
工程一切险	以双方名义共同投保。 国内工程：通常由项目法人办理保险。 国际工程：一般要求承包人办理保险	包括建筑工程一切险、安装工程一切险两类
第三者责任险	由于施工的原因导致项目法人和承包人以外的第三人受到财产损失或人身伤害的赔偿。 被保险人是项目法人和承包人	一般附加在工程一切险中。 属于承包商或业主在工地的财产损失，或其公司和其他承包商在现场从事与工作有关的职工的伤亡不属于第三者责任险的赔偿范围，而属于工程一切险和人身意外伤害险的范围
人身意外伤害险	保险义务分别由发包人、承包人负责对本方参与现场施工的人员投保	建筑施工企业应当依法为职工参加工伤保险缴纳工伤保险费（强制）。鼓励企业为从事危险作业的职工办理意外伤害保险（非强制），支付保险费
承包人设备保险	保险的范围包括承包人运抵施工现场的施工机具和准备用于永久工程的材料及设备	工程一切险包括此项保险内容
执业责任险	以设计人、咨询人（监理人）的设计、咨询错误或员工工作疏漏给业主或承包商造成的损失为保险标的	—

续表

种类	投保	说明
CIP 保险（一揽子保险）	由业主或承包商统一购买，保障范围覆盖业主、承包商及所有分包商	内容包括劳工赔偿、雇主责任险、一般责任险、建筑工程一切险、安装工程一切险。 CIP 保险的优点是： （1）以最优的价格提供最佳的保障范围； （2）能实施有效的风险管理； （3）降低赔付率，进而降低保险费率； （4）避免诉讼，便于索赔

 这部分内容可考点很多，工程一切险的投保人要掌握，经常考核。对第三者责任险的说明应理解。

【考点 3】工程担保（☆☆☆☆☆）

1. 担保的方式 [14 年单选]

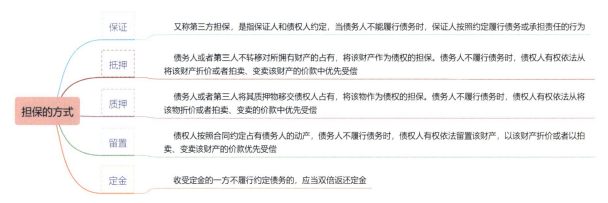

图 1Z206040-3 担保的方式

2. 工程担保的种类 [16、18、19、20、22 年单选，13、14、17、19、20、21 年多选]

工程担保的种类　　　　　　表 1Z206040-4

种类	形式	额度	有效期	作用
投标担保	（1）银行保函。 （2）担保公司担保书。 （3）同业担保书。 （4）投标保证金担保	施工投标保证金的数额一般不得超过投标总价的 2% 但最高不得超过 80 万元人民币。 国际上，投标担保的保证金数额为 2%～5%	投标保证金有效期应当与投标有效期一致	（1）保护招标人不因中标人不签约而蒙受经济损失。 （2）在一定程度上可以起筛选投标人的作用
履约担保（最重要，担保金额最大）	（1）银行保函。 （2）履约担保书（由担保公司或者保险公司开具）。 （3）履约保证金（保修期内采用预留质量保证金）。 （4）同业担保	银行履约保函通常为合同金额的 10%。 履约保证金不得超过中标合同金额的 10%。 质量保证金不得超过工程价款结算总额的 3%	有效期始于工程开工之日，终止日期则可以约定为工程竣工交付之日或者保修期满之日	在很大程度上促使承包商履行合同约定，完成工程建设任务，从而有利于保护业主的合法权益

续表

种类	形式	额度	有效期	作用
预付款担保	（1）银行保函。 （2）担保公司提供保证担保。 （3）抵押担保	一般为合同金额的10%	—	保证承包人能够按合同规定进行施工，偿还发包人已支付的全部预付金额
支付担保	（1）银行保函。 （2）履约保证金。 （3）担保公司担保	支付担保的额度为工程合同总额的20%~25%	发包人的支付担保实行分段滚动担保	通过对业主资信状况进行严格审查并落实各项担保措施，确保工程费用及时支付到位

直击考点　每年必考考点，采分点非常多，学习时应对比记忆。投标担保、履约担保、预付款担保保护的都是业主的利益，只有最后一项支付担保是施工方的利益。

1Z206050 建设工程施工合同实施

【考点1】施工合同分析（☆☆☆☆）

1. 合同分析的含义和作用 [14年单选，21年多选]

图 1Z206050-1　合同分析的含义和作用

2. 建设工程施工合同分析的内容 [13、15、17、20年单选，15、22年多选]

建设工程施工合同分析的内容　　　　表 1Z206050-1

项目	内容
合同的法律基础	合同签订和实施的法律背景

续表

项目		内容
承包人的主要任务	承包人的总任务	（1）承包人在设计、采购、制作、试验、运输、土建施工、安装、验收、试生产、缺陷责任期维修等方面的主要责任。 （2）施工现场的管理。 （3）给业主的管理人员提供生活和工作条件等责任
	工作范围	在合同实施中，如果工程师指令的工程变更属于合同规定的工程范围，则承包人必须无条件执行；如果工程变更超过承包人应承担的风险范围，则可向业主提出工程变更的补偿要求
	关于工程变更的规定	工程变更的补偿范围，通常以合同金额一定的百分比表示。百分比越大，承包人的风险越大。工程变更的索赔有效期，由合同具体规定，一般为28d，也有14d的。一般这个时间越短，对承包人管理水平的要求越高，对承包人越不利
发包人的责任		（1）业主雇用工程师并委托其在授权范围内履行业主的部分合同责任。 （2）业主和工程师有责任对平行的各承包人和供应商之间的责任界限作出划分，对这方面的争执作出裁决，对他们的工作进行协调，并承担管理和协调失误造成的损失。 （3）及时作出承包人履行合同所必需的决策，如下达指令、履行各种批准手续、作出认可、答复请示、完成各种检查和验收手续等。 （4）提供施工条件，如及时提供设计资料、图纸、施工场地、道路等。 （5）及时支付工程款，及时接收已完工程等
合同价格		（1）合同所采用的计价方法及合同价格所包括的范围。 （2）工程量计量程序，工程款结算（包括进度付款、竣工结算、最终结算）方法和程序。 （3）合同价格的调整，即费用索赔的条件、价格调整方法、计价依据，索赔有效期规定。 （4）拖欠工程款的合同责任
施工工期		在实际工程中，工期拖延极为常见和频繁，而且对合同实施和索赔的影响很大，所以要特别重视
违约责任		如果合同一方未遵守合同规定，造成对方损失，应受到相应的合同处罚
验收、移交和保修		（1）对重要的验收要求、时间、程序以及验收所带来的法律后果作说明。 （2）竣工验收合格即办理移交。它表示： ①业主认可并接收工程，承包人工程施工任务的完结； ②工程所有权的转让； ③承包人工程照管责任的结束和业主工程照管责任的开始； ④保修责任的开始； ⑤合同规定的工程款支付条款有效
索赔程序和争执的解决		分析：索赔的程序；争议的解决方式和程序；仲裁条款

 重点区分承包人的主要任务和发包人的责任，主要考核判断正确与错误说法的题目。

【考点2】施工合同交底（☆☆☆）[16年单选]

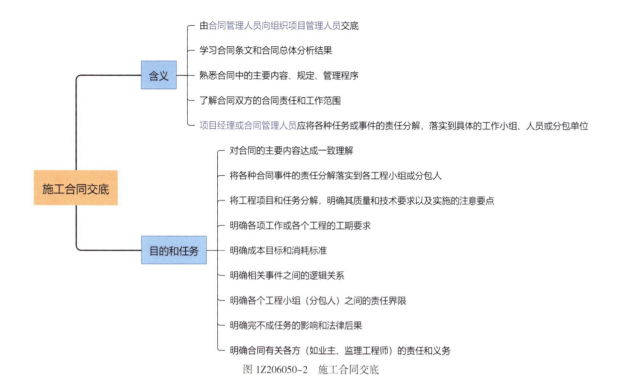

图 1Z206050-2 施工合同交底

 施工合同交底的含义一般会考核单项选择题，目的和任务会多项选择题。

【考点3】施工合同实施控制（☆☆☆☆☆）

1. 施工合同跟踪 [15、16年单选]

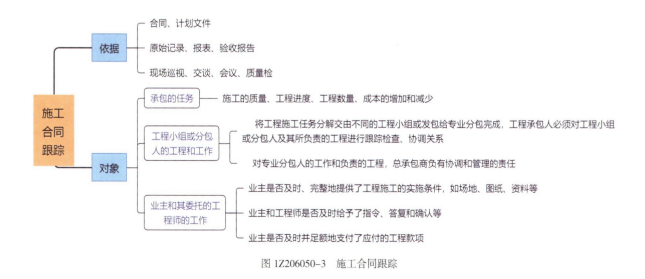

图 1Z206050-3 施工合同跟踪

2. 合同实施的偏差分析与偏差处理 [13、17、19、21、22年单选，19年多选]

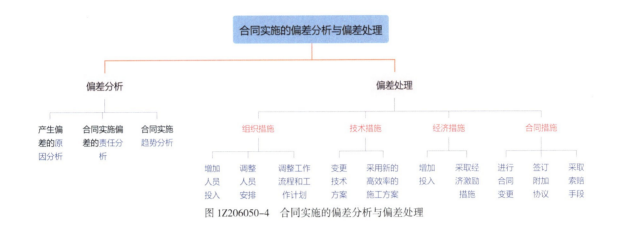

图1Z206050-4 合同实施的偏差分析与偏差处理

 区分偏差处理四个措施的具体内容。主要的考核形式有两种：（1）在备选项给出所采取的措施，判断属于哪类措施。（2）在题干中给出所采取的措施，判断属于哪类措施。

3. 工程变更管理

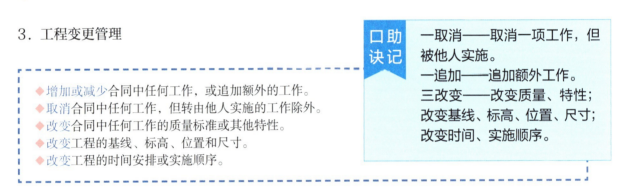

- 增加或减少合同中任何工作，或追加额外的工作。
- 取消合同中任何工作，但转由他人实施的工作除外。
- 改变合同中任何工作的质量标准或其他特性。
- 改变工程的基线、标高、位置和尺寸。
- 改变工程的时间安排或实施顺序。

口诀助记：
一取消——取消一项工作，但被他人实施。
一追加——追加额外工作。
三改变——改变质量、特性；改变基线、标高、位置、尺寸；改变时间、实施顺序。

4. 工程变更的程序 [22年多选]

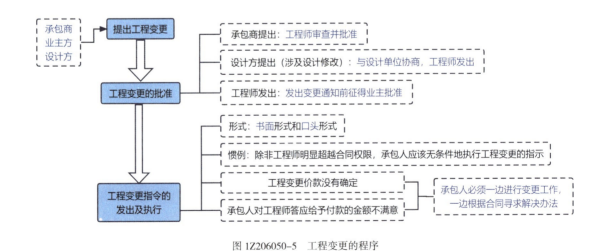

图1Z206050-5 工程变更的程序

5. 工程变更的责任分析与补偿要求 [18、22年单选，14、20年多选]

◆由于业主要求、政府部门要求、环境变化、不可抗力、原设计错误等导致的设计修改，应该由业主承担责任。由此所造成的施工方案的变更以及工期的延长和费用的增加应该向业主索赔。
◆由于承包人的施工过程、施工方案出现错误、疏忽而导致设计的修改，应该由承包人承担责任。
◆施工方案变更要经过工程师的批准，不论这种变更是否会对业主带来好处（如工期缩短、节约费用）。

【考点4】施工分包管理方法（☆☆☆）[17年多选]

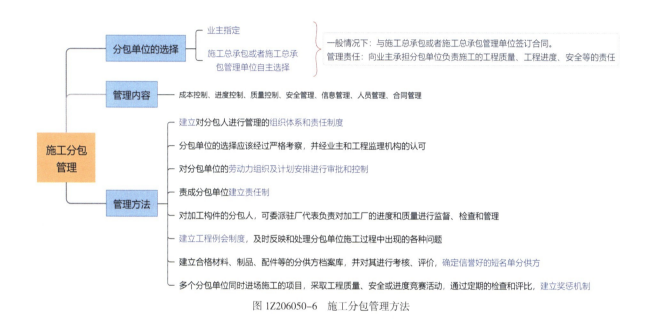

图 1Z206050-6　施工分包管理方法

【考点5】施工合同履行过程中的诚信自律（☆☆☆☆）
[14、15、20、21年单选，18年多选]

施工合同履行过程中的诚信自律　　表 1Z206050-2

公布部门	不良行为记录公布	良好行为记录公布
各省、自治区、直辖市建设行政主管部门在当地建筑市场诚信信息平台上统一公布	行政处罚决定作出后7日内，公布期限一般为6个月至3年	公布期限一般为3年

 主要考核公布期限。

1Z206060 建设工程索赔

【考点1】索赔依据（☆☆☆☆）

1. 索赔的分类 [17、20、21年单选，20、21年多选]

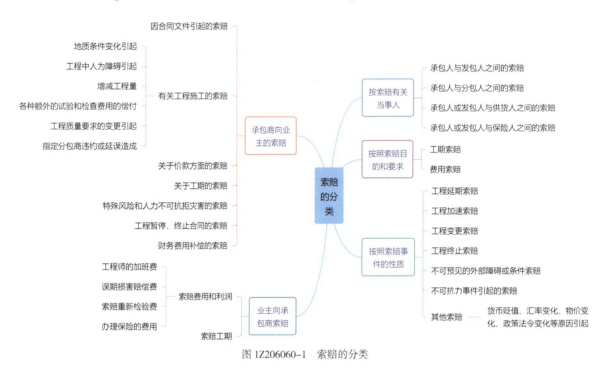

图 1Z206060-1　索赔的分类

2. 索赔成立的条件 [13、18、20年多选]

图 1Z206060-2　索赔成立的条件

直击考点　该知识点主要考核多项选择题。索赔事件是指那些实际情况与合同规定不符合，最终引起工期和费用变化的各类事件。

3. 索赔的依据与证据 [16年多选]

索赔的依据与证据　　　　　　　　表1Z206060-1

索赔依据	可以作为证据的材料	常见的工程索赔证据
（1）合同文件。 （2）法律、法规。 （3）工程建设惯例	（1）当事人的陈述。 （2）书证。 （3）物证。 （4）视听资料。 （5）电子数据。 （6）证人证言。 （7）鉴定意见。 （8）勘验笔录	（1）各种合同文件。 （2）工程各种往来函件、通知、答复等。 （3）各种会谈纪要。 （4）施工进度计划、施工方案、施工组织设计和现场实施情况记录。 （5）工程各项会议纪要。 （6）气象报告和资料。 （7）施工现场记录。 （8）工程有关照片和录像等。 （9）施工日记、备忘录等。 （10）发包人或者工程师签认的签证。 （11）发包人或者工程师发布的各种书面指令和确认书，以及承包人的要求、请求、通知书等。 （12）工程中的各种检查验收报告和各种技术鉴定报告。 （13）工地的交接记录，图纸和各种资料交接记录。 （14）建筑材料和设备的采购、订货、运输、进场、使用方面的记录、凭证和报表等。 （15）市场行情资料。 （16）投标前发包人提供的参考资料和现场资料。 （17）工程结算资料、财务报告、财务凭证等。 （18）各种会计核算资料。 （19）国家法律、法令、政策文件

【考点2】索赔方法（☆☆☆）[13年单选]

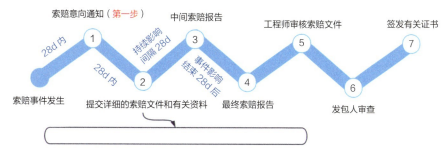

图1Z206060-3　索赔方法

【考点3】索赔费用计算（☆☆☆☆）

1. 索赔费用的组成与计算 [13、15、16、19年单选，17、19年多选]

索赔费用的组成与计算　　　　　　　　　　　表 1Z206060-2

组成	计算
人工费	（1）完成合同之外的额外工作所花费的人工费用。 （2）由于非承包人责任的工效降低所增加的人工费用。 （3）超过法定工作时间加班劳动。 （4）法定人工费增长。 （5）非承包人责任工程延期导致的人员窝工费和工资上涨费
材料费	（1）由于索赔事项材料实际用量超过计划用量而增加的材料费。 （2）由于客观原因材料价格大幅度上涨。 （3）由于非承包人责任工程延期导致的材料价格上涨和超期储存费用
施工机具使用费	（1）由于完成额外工作增加的机械使用费。 （2）非承包人责任工效降低增加的机械使用费。 （3）由于业主或监理工程师原因导致机械停工的窝工费
	窝工费计算	施工企业自有	机械折旧费
		外部租赁	实际租金和调进调出的分摊计算
现场管理费	包括管理人员工资、办公、通信、交通费等
利息	拖期付款的利息；错误扣款的利息
分包费	一般也包括人工、材料、机械使用费的索赔
总部（企业）管理费	（1）按照投标书中总部管理费的比例（3%~8%）计算： 总部管理费 = 合同中总部管理费比率（%）×（直接费索赔款额 + 现场管理费索赔款额等） （2）按照公司总部统一规定的管理费比率计算： 总部管理费 = 公司管理费比率（%）×（直接费索赔款额 + 现场管理费索赔款额等） （3）以工程延期的总天数为基础，计算总部管理费的索赔额，计算步骤如下： 对某一工程提取的管理费 = 同期内公司的总管理费 × 该工程的合同额 / 同期内公司的总合同额 该工程的每日管理费 = 该工程向总部上缴的管理费 / 合同实施天数 索赔的总部管理费 = 该工程的每日管理费 × 工程延期的天数
利润	由于工程范围的变更、文件有缺陷或技术性错误、业主未能提供现场等引起的索赔，承包人可以列入利润

 主要考核题型有：（1）承包商可索赔的人工费/材料费。（2）索赔费用的计算。

2. 索赔费用的计算方法 [18年单选]

图 1Z206060-4　索赔费用的计算方法

【考点4】工期索赔计算（☆☆☆☆☆）

1. 工期延误的分类 [14、16年单选]

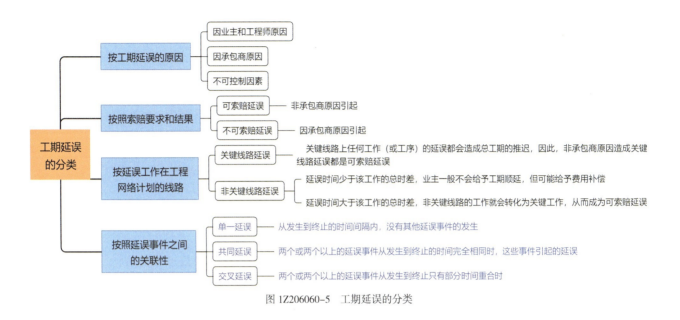

图 1Z206060-5　工期延误的分类

2.《建设工程施工合同（示范文本）》（GF—2017—0201）确定的可以顺延工期的条件 [15年多选]

◆发包人未能按合同约定提供图纸或所提供图纸不符合合同约定的。
◆发包人未能按合同约定提供施工现场、施工条件、基础资料、许可、批准等开工条件的。
◆发包人提供的测量基准点、基准线和水准点及其书面资料存在错误或疏漏的。
◆发包人未能在计划开工日期之日起 7d 内同意下达开工通知的。
◆发包人未能按合同约定日期支付工程预付款、进度款或竣工结算款的。
◆监理人未按合同约定发出指示、批准等文件的。
◆专用合同条款中约定的其他情形。

3. 工期索赔的计算方法 [14、15、17、18、19、20、21、22年单选]

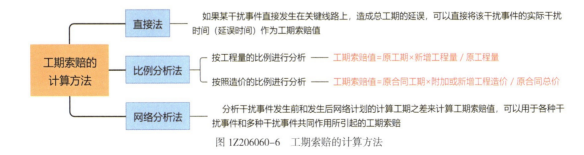

图 1Z206060-6　工期索赔的计算方法

 比例计算法通常会考核计算题。

1Z206070 国际建设工程施工承包合同

【考点1】国际常用的施工承包合同条件（☆☆☆☆）

1. FIDIC系列合同条件 [14、15、18、21年单选，13年多选]

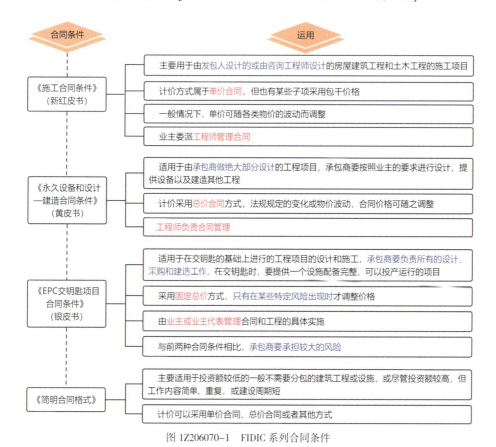

直击考点

前三种合同条件的适用范围、计价方式、合同管理方式要对比记忆，考试时主要考核判断正确与错误说法的题目。

图 1Z206070-1　FIDIC系列合同条件

2. 美国AIA系列合同条件 [16、17年单选]

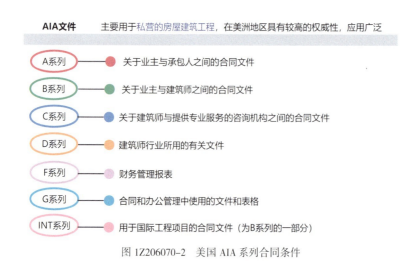

图 1Z206070-2　美国AIA系列合同条件

【考点2】施工承包合同争议的解决方式（☆☆☆☆☆）
[13、14、16、17、18、19、20年单选]

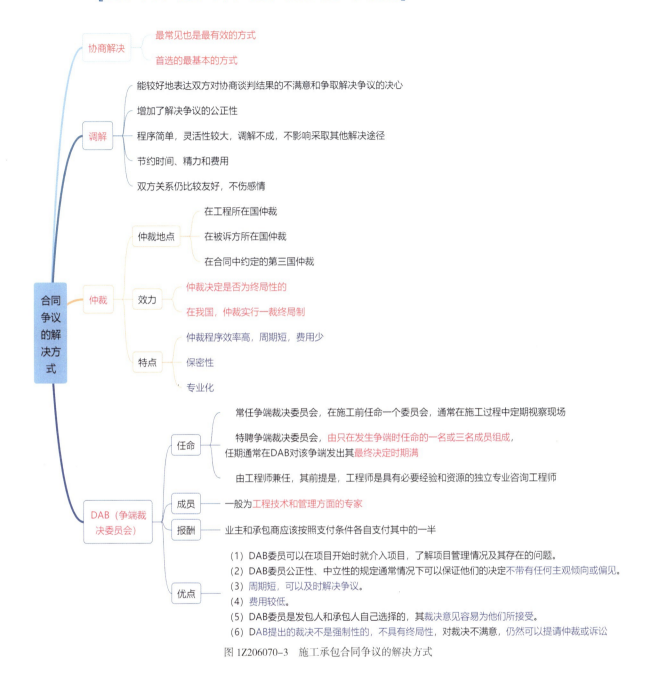

图 1Z206070-3　施工承包合同争议的解决方式

该考点采分点较多，对 DAB 方式的优点要特殊记忆。

1Z207000 建设工程项目信息管理

1Z207010 建设工程项目信息管理的目的和任务

【考点1】项目信息管理的目的（☆☆☆）

图 1Z207010-1 项目信息管理的目的

【考点2】项目信息管理的任务（☆☆☆）

1. 信息管理手册的内容

- ◆ 信息管理的任务（信息管理任务目录）。
- ◆ 信息管理的任务分工表和管理职能分工表。
- ◆ 信息的分类。
- ◆ 信息的编码体系和编码。
- ◆ 信息输入输出模型。
- ◆ 各项信息管理工作的工作流程图。
- ◆ 信息流程图。
- ◆ 信息处理的工作平台及其使用规定。
- ◆ 各种报表和报告的格式，以及报告周期。
- ◆ 项目进展的月度报告、季度报告、年度报告和工程总报告的内容及其编制。
- ◆ 工程档案管理制度。
- ◆ 信息管理的保密制度等。

 主要考核多项选择题。

2. 信息管理部门的工作任务 [15、17年单选]

- ◆负责编制信息管理手册，在项目实施过程中进行信息管理手册的必要修改和补充，并检查和督促其执行。
- ◆负责协调和组织项目管理班子中各个工作部门的信息处理工作。
- ◆负责信息处理工作平台的建立和运行维护。
- ◆与其他工作部门协同组织收集信息、处理信息和形成各种反映项目进展和项目目标控制的报表和报告。
- ◆负责工程档案管理等。

3. 信息工作流程 [13年多选]

为形成各类报表和报告，收集信息、录入信息、审核信息、加工信息、信息传输和发布的工作流程

信息管理手册编制和修订的工作流程　　工程档案管理的工作流程

图 1Z207010-2　信息工作流程

4. 应重视基于互联网的信息处理平台 [13年单选]

- ◆重视利用信息技术的手段进行信息管理。其核心的手段是基于互联网的信息处理平台。

1Z207020 建设工程项目信息的分类、编码和处理方法

【考点1】项目信息的分类（☆☆☆☆）[15、19、20、21年单选]

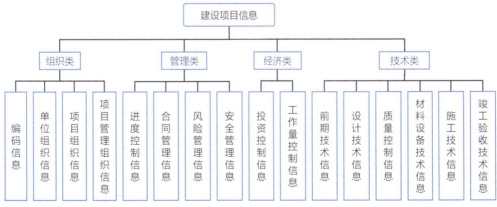

图 1Z207020-1　项目信息的分类

【考点2】项目信息编码的方法（☆☆☆☆☆）[13、16、18、22年单选]

项目信息编码的方法　　　　　　　　　　　　　　　　　表1Z207020-1

项目	内容
项目的结构编码	依据项目结构图对项目结构的每一层的每一个组成部分进行编码
项目管理组织结构编码	依据项目管理的组织结构图，对每一个工作部门进行编码
项目的政府主管部门和各参与单位编码（组织编码）	参与单位包括：（1）政府主管部门；（2）业主方的上级单位或部门；（3）金融机构；（4）工程咨询单位；（5）设计单位；（6）施工单位；（7）物资供应单位；（8）物业管理单位等
项目实施的工作项编码（项目实施的工作过程的编码）	应覆盖项目实施的工作任务目录的全部内容，包括： （1）设计准备阶段的工作项； （2）设计阶段的工作项； （3）招标投标工作项； （4）施工和设备安装工作项； （5）项目动用前的准备工作项等
项目的投资项编码(业主方)/成本项编码（施工方）	综合考虑概算、预算、标底、合同价和工程款的支付等因素，建立统一的编码，以服务于项目投资目标的动态控制
项目的进度项（进度计划的工作项）编码	应综合考虑不同层次、不同深度和不同用途的进度计划工作项的需要，建立统一的编码，服务于项目进度目标的动态控制
项目进展报告和各类报表编码	包括项目管理形成的各种报告和报表的编码
合同编码	应参考项目的合同结构和合同的分类，应反映合同的类型、相应的项目结构和合同签订的时间等特征
函件编码	应反映发函者、收函者、函件内容所涉及的分类和时间等，以便函件的查询和整理
工程档案编码	应根据有关工程档案的规定、项目的特点和项目实施单位的需求等而建立

  主要考核单项选择题。

1Z207030 建设工程管理信息化及建设工程项目管理信息系统的功能

【考点1】工程管理信息化（☆☆☆）

1．工程管理信息化的意义 [13年单选]

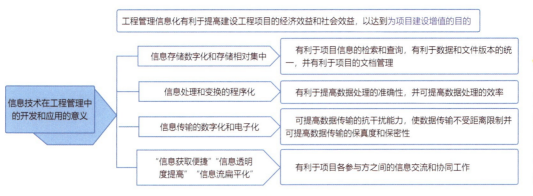

图 1Z207030-1　工程管理信息化的意义

 区分信息技术在工程管理中的开发和应用的意义，主要考核单项选择题。

2．项目信息门户与管理信息系统、项目管理信息系统 [21年单选，17年多选]

图 1Z207030-2　项目信息门户与管理信息系统、项目管理信息系统

3．项目信息门户 [19单选]

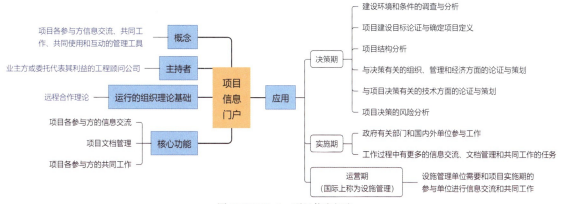

图 1Z207030-3　项目信息门户

【考点2】工程项目管理信息系统的功能（☆☆☆☆）[20年单选，14、15、16、18年多选]

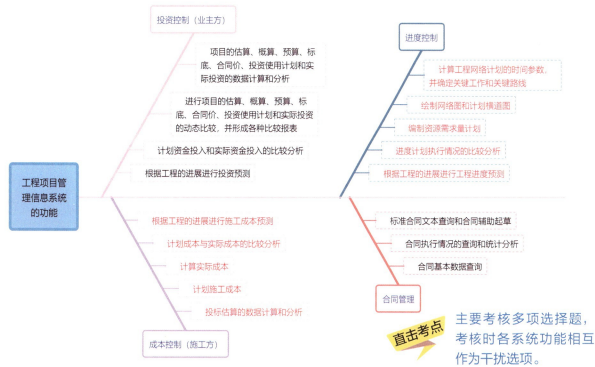

图 1Z207030-4　工程项目管理信息系统的功能

图书在版编目（CIP）数据

建设工程项目管理考霸笔记/全国一级建造师执业资格考试考霸笔记编写委员会编写 . —北京：中国城市出版社，2023.6
（全国一级建造师执业资格考试考霸笔记）
ISBN 978-7-5074-3609-9

Ⅰ.①建… Ⅱ.①全… Ⅲ.①基本建设项目—工程项目管理—资格考试—自学参考资料 Ⅳ.①F284

中国国家版本馆CIP数据核字（2023）第085243号

责任编辑：张国友
责任校对：芦欣甜
书籍设计：强　森

全国一级建造师执业资格考试考霸笔记
建设工程项目管理考霸笔记
全国一级建造师执业资格考试考霸笔记编写委员会　编写
*
中国建筑工业出版社、中国城市出版社出版、发行（北京海淀三里河路9号）
各地新华书店、建筑书店经销
北京海视强森文化传媒有限公司制版
北京市密东印刷有限公司印刷
*
开本：880毫米×1230毫米　1/16　印张：9¾　字数：267千字
2023年6月第一版　　2023年6月第一次印刷
定价：**68.00**元
ISBN 978-7-5074-3609-9
　　　（904606）

版权所有　翻印必究
如有内容及印装质量问题，请联系本社读者服务中心退换
电话：（010）58337283　QQ：924419132
（地址：北京海淀三里河路9号中国建筑工业出版社604室　邮政编码100037）